SCORPIO

Shiva Ryu

SETZE KEINEN PUNKT AN DIE STELLE, AN DIE GOTT EIN KOMMA GESETZT HAT

Weisheitsgeschichten

Aus dem Koreanischen von
Hyuk-Sook Kim und Manfred Selzer

SCORPIO

Die koreanische Originalausgabe erschien 2019 unter dem Titel »좋은지 나쁜지 누가 아는가«. »Good or Bad, Who Knows?« bei The Forest Book Publishing Co., durch Vermittlung von BC Agency, Seoul

MIX
Papier aus verantwortungsvollen Quellen
FSC® C014889

1. Auflage 2020
Deutsche Erstausgabe

Umschlaggestaltung Layout und Satz: Danai Afrati
Umschlagmotiv und Illustrationen im Buch: Miroco Machiko
Lektorat: Ulla Rahn-Huber
Druck und Bindung: Pustet, Regensburg
ISBN 978-3-95803-315-3

www.scorpio-verlag.de

Inhalt

PROLOG: AUTOR DES EIGENEN LEBENS

Der Berg Kailash in der tibetischen Hochebene ist Pilgerort für verschiedene Religionen. Auf seinem mit Firnschnee bedeckten, alles überragenden Gipfel wohnt der Überlieferung zufolge Gott Shiva. Er verbringt einen Großteil seiner Zeit in der Meditation und mit asketischen Übungen, und so verwundert es nicht, dass seine Gattin Parvati ständig friert und sich langweilt.

An einem Tag konnte sie es kaum aushalten und drängte ihren Gatten: »Erzähl mir doch bitte eine spannende Geschichte.«

»Aber gerne, wenn du es dir wünschst«, antwortete Shiva.

»Aber es soll eine ganz besondere Geschichte sein, die nur für mich bestimmt ist. Eine vollkommen neue, die noch keiner auf der Welt je gehört hat«, forderte sie.

Shiva nickte und fing zu erzählen an. Seine Geschichte war tatsächlich ungemein spannend und bedeutungsvoll. Parvati war begeistert, und kaum hatte ihr Gatte sie zu Ende erzählt, bat sie ihn um eine weitere Geschichte.

Shiva erzählte ihr also noch eine Geschichte, und noch eine und noch eine, denn Parvati war unersättlich, und er hörte erst auf, als ihr die Lider schwer wurden und sie endlich einschlief.

Parvati aber war nicht die Einzige, die ihm zugehört hatte. Einer von Shivas Dienern, der gerade eine Nachricht hatte überbringen wollen, war an der Tür stehen geblieben. Die erste Geschichte hatte ihn so sehr in den Bann gezogen, dass er der Versuchung nicht hatte widerstehen können, weiter zu lauschen. Das Ohr fest an die Tür gepresst, hörte er sie alle mit an.

Danach eilte er nach Hause, und die ganze Nacht hindurch gab er seiner Frau all die interessanten Geschichten weiter und tat so, als habe er sie alle selbst ersonnen.

Die Frau des Dieners wiederum stand in Parvatis Diensten. Am nächsten Morgen, als sie ihrer Herrin das Haar kämmte, wollte sie dieser eine Freude machen, und so begann sie, ihr eine der Geschichten zu erzählen, die sie in der Nacht zuvor von ihrem Mann gehört hatte.

Kaum hatte sie die ersten Sätze gesprochen, da sprang Parvati auf und eilte wutentbrannt zu Shiva: »Hattest du mir nicht versprochen, mir Geschichten zu erzählen, die noch keiner auf der Welt je gehört hat?«

»Ja, das habe ich dir versprochen, und mein Versprechen habe ich auch gehalten«, gab Shiva erschrocken zurück.

»Wieso kennt dann selbst meine Dienerin sie?«

Auf der Stelle rief Shiva die Frau zu sich und stellte sie zur Rede: »Von wem hast du diese Geschichten gehört?«

»Von meinem Mann«, brachte diese stotternd hervor.

Sogleich wurde ihr Mann herbeizitiert, und er gestand mit zitternden Knien: »Tatsächlich hatte ich gestern Nacht eine Nachricht an Euch zu überbringen, und so kam es, dass ich vor der Tür stand und Euch erzählen hörte. Es war auf keinen Fall meine Absicht zu lauschen. Die erste Geschichte war so unglaublich interessant, dass ich nicht anders konnte, als mir auch die anderen anzuhören. Ich konnte mich einfach nicht losreißen und musste sie bis zum Ende hören.«

Shiva war etwas besänftigt, doch er befahl seinem Diener: »Wenn das so ist, sollst du vom Berg Kailash hinunter in die Welt zu den Menschen gehen und jedem einzelnen die Geschichten erzählen, die du gehört hast. Und dass es dir ja nicht in den Sinn kommt, je zu diesem Berg zurückzukehren!«

Der Diener wurde also aus dem Tempel hoch oben im Himalaya verbannt und wandert seither durch die Welt, um den Menschen seine Geschichten zu erzählen.

In meinen Augen sind Schriftsteller Menschen, die das Schicksal von Shivas Diener teilen. Sie sind Geschichtenübermittler, die ständig Neues und Interessantes erzählen müssen – voll von tiefem Sinn und dazu angetan, den Weg zur Erleuchtung zu weisen. Und sie müssen dafür sorgen, dass ihre Leser nach der ersten auch die zweite Geschichte erfahren wollen.

Jeder von uns ist Autor seines eigenen Lebens. Nur wir selbst können wissen, welche Geschichte unser Leben gerade schreibt, welchen Sinn sie macht und ob sie spannend genug ist, um die nächste Seite aufzuschlagen.

Nach dem Essayband *Die Vögel schauen nicht zurück, wenn sie fliegen* lege ich nun dieses neue Buch vor. Mögen Sie an der Lektüre Freude haben!

SHIVA RYU

Bauen wir auf Sicherheit und Gewissheit, haben wir uns den falschen Planeten ausgesucht. In dem Moment, in dem wir uns an Sicherheiten klammern, stößt uns das Leben eine Klippe hinab. Reißt uns eine Woge des

Schicksals zu Boden, ist es an der Zeit, ein neues Leben anzufangen. Verlust und Abschied haben immer einen Sinn. Gott schreibt mit geschwungener Schrift eine gerade Botschaft.

DER NARR, DER SICH IN DEN REGEN STELLT

Ich war im letzten Semester meines Studiums, als ein Freund mir von einer sehr günstigen Unterkunft in der Siedlung einer Glaubensgemeinde am Rand der Provinz Gyeonggi erzählte. Ich mietete sie unbesehen. Es war eine sehr kleine Einzimmerwohnung in einem heruntergekommenen Reihenhaus, aber die Sonne schien angenehm herein, und ich konnte die Tür abschließen und für mich allein sein. Zudem gab es unweit von dort eine Allee, die zu einem Fluss hinunterführte, was für mich als Literaturstudenten wie ein Geschenk des Himmels war. Nachts schrieb ich Gedichte und untertags unternahm ich Spaziergänge in die Umgebung, statt die Vorlesungen an der Uni zu besuchen.

Mein Glück war leider nicht von Dauer. Bei den Nachbarn erregte ich Misstrauen. Für sie war ich ein Fremder mit langem Haar, der selbst im Sommer in einen schwarzen Mantel gehüllt (in der Wohnung war es kalt) durch ihre geheiligten Gefilde lief und dabei wie ein Geisteskranker vor sich hin murmelte (ich rezitierte Gedichte). Eines frühen Morgens schließlich statteten mir mehrere Leute ohne jegliche Vorankündigung einen Besuch ab. Sie traten ein, ohne sich die Schuhe auszuziehen, als ob meine Wohnung weder heilig noch unantastbar wäre, und forderten mich auf, auf der Stelle aus der Siedlung zu verschwinden.

Ich erklärte ihnen höflich, dass ich die Miete für einige Monate im Voraus bezahlt habe und daher das Recht zu bleiben hätte. Beinahe flehend fügte ich hinzu, dass ich möglichst lange hier wohnen bleiben wolle, weil mir die Gegend unbeschreiblich gut gefalle, und ich gestand, dass ich Dichter sei. Letzteres verschlimmerte die Lage ungemein. Aufgebracht, wie sie waren, verstanden meine Besucher nicht »Shiin« (Koreanisch für »Dichter«), sondern »Shin« (»Gott«). »Das ist der Teufel!«, schrien sie daraufhin. »Verschwinde von hier! Sofort!« Eine Frau deutete sogar mit dem Finger gen Himmel und schrie, ich solle den Zorn Gottes fürchten.

Das Wort Teufel traf mich wie ein Dolch ins Herz. Ich hatte während meines gesamten Studiums kaum mehr als ein paar schwer verständliche Gedichte zu Papier gebracht. Und nun musste ich die Wohnung verlassen, ohne meine im Voraus bezahlte Miete zurückzubekommen – für andere womöglich ein Taschengeld, mich aber kostete es fast mein gesamtes Vermögen. Mit verschränkten Armen standen die Leute da und ließen mich nicht aus den Augen, bis ich durch das Tor an der Einfahrt zur Siedlung verschwunden war. Sie sahen nicht mich, sie sahen den Fremden, der uneingeladen in ihrer Mitte aufgetaucht war. Dennoch fühlte ich mich wie von aller Welt verstoßen.

Aber Gott hatte mich nicht völlig vergessen. Plötzlich obdachlos und ohne die leiseste Ahnung, wo ich nun unterkommen sollte, lief ich einen Feldweg entlang. Dort begegnete ich einem Kommilitonen aus meiner Theatergruppe, der in der Nähe wohnte. Mich zu so früher Stunde mit einem Bündel Bücher und einer gefalteten Militärdecke durch die Gegend irren zu sehen, machte ihn zunächst etwas misstrauisch. So wie ich aussah, passte ich ganz und gar nicht in die herrliche Landschaft. Aber nachdem er erfahren hatte, wie es mir ergangen war, nahm er mich mit zu sich nach Hause und bot mir ein Glas Wasser mit Honig an. Die Erschöpfung war mir offenbar anzusehen. Dann fragte er bei den Nachbarn herum, ob jemand für mich eine Unterkunft habe.

Dank seiner Vermittlung gelang es mir, einen Lagerschuppen zu mieten, der mitten in einem Gemüsefeld am Flussufer stand. Ich fühlte mich dort sicher, denn zum einen war er weit genug vom Dorf entfernt, sodass ich nicht fürchten musste, erneut vertrieben zu werden, und zum anderen hatte ich einen Freund in der Nähe, der mir in einem Augenblick der Not ein Glas Wasser mit Honig reichte. Es gab nichts, worüber ich mich hätte beklagen können, außer dass es in der Hütte keinen Strom gab und ich mich mit Kerzenlicht begnügen musste. Nachts schaute ich dem Spiel der Flamme zu oder schrieb Gedichte, und am Tag unternahm ich lange Spaziergänge, auf denen ich Werke von Arthur Rimbaud oder Stéphane Mallarmé rezitierte.

Es nahte die Zeit des sommerlichen Monsuns, und eines Tages zogen über dem Dach des Lagerschuppens tief hängende, dunkle Regenwolken auf. Es donnerte. Eine leere Drohung, dachte ich zunächst. Am Abend aber öffnete der Himmel alle Schleusen. Der Regen peitschte aus allen Richtungen hernieder, und an Schlaf war nicht zu denken. Es war schon spät in der Nacht, als ich vor die Tür trat, und ich erschreckte mich zu Tode. Der Wolkenbruch hatte den Fluss anschwellen lassen, und der Pegel stieg und stieg. Es sah aus, als würde das Gemüsefeld samt meinem Schuppen schon im nächsten Augenblick verschluckt. Es war noch vor Anbruch der Morgendämmerung und alles war finster, aber das Wasser leuchtete und schäumte so schrecklich, dass mir angst und bange wurde.

Dies alles geschah zu einer Zeit, in der mir in meinem Leben ohnehin der Boden unter den Füßen schwankte. Mein Studienabschluss stand vor der Tür, aber was danach kommen sollte, erschien mir eine noch größere Herausforderung als alles, was ich bis dahin erlebt hatte. Ich hatte keinerlei Ziele im Hinblick auf die Zukunft. Und nun stand ich an diesem tosenden Fluss, der mich hinwegzuspülen drohte.

Meine Lage war aussichtslos! Ich war in Panik. Doch dann kam mir niemand anderer als ich selbst zu Hilfe und erlöste mich aus meiner Angst. Wie ich vor diesem alten Schuppen stand und die Fluten auf mich zukommen sah, kam mir plötzlich der Gedanke: »Ich bin doch Dichter!«

Und mit einem Mal erschien mir alles, was um mich herum vorging, als etwas, das ich unbedingt erleben musste, um darüber schreiben zu können. Damit erwachte mein Lebenswille.

Gibt es denn etwas Passenderes für einen Dichter, als bei Kerzenschein und Sturm und Regen Gedichte zu schreiben? In pechschwarzer Nacht mutterseelenallein am Ufer dieses entfesselten Flusses zu stehen und Gefahr zu laufen, mir eine Lungenentzündung zu holen – mich hier in den Regen zu stellen, das erlebte ich doch nur, weil ich Dichter war! In ihrem Buch *Schreiben in Cafés* führt Natalie Goldberg aus, dass der Normalmensch bei einem Regenguss den Schirm aufspannt oder mit einer Zeitung über dem Kopf ins Trockene flüchtet; nur der Schriftsteller ist dumm genug, sich einfach in den Regen zu stellen. Statt Schutz zu suchen oder sich darum zu kümmern, rechtzeitig irgendwo unterzukommen, schaut er fasziniert den Regentropfen zu, wie sie in eine Pfütze fallen und dabei Muster bilden. So fängt er seine Glanzmomente ein.

Wie ich in jener Nacht allein am Ufer des anschwellenden Flusses stand und den Boden unter meinen Füßen schwanken spürte, beschloss ich, von nun an nicht mehr davonzulaufen. Ich beschloss, mir immer und immer wieder dicke Regentropfen auf die Stirn prasseln zu lassen, um meiner schriftstellerischen Berufung gerecht zu werden. Beunruhigung und Einsamkeit würden in meinen Gedichten von nun an zu Adjektiven und Adverbien werden. In jenem Moment fühlte ich mich wirklich wie der Gott meiner kleinen Welt.

In Paulo Coelhos *Der Alchimist* widersetzt sich Santiago dem Wunsch seines Vaters, Priester zu werden. Er wird Schafhirte und macht sich auf die Suche nach dem Schatz, den er im Traum gesehen hat. In Tanger in Marokko aber wird er um das ganze Geld betrogen, das er für seine Schafe bekommen hat. Da steht er nun auf diesem Markt in diesem fremden Land, völlig mittellos, wütend und verzweifelt. Man hat ihn ausgenommen!

Von einem Moment zum anderen aber ändert er seine Perspektive und sieht sich nicht länger als Opfer eines Betrügers. Er ist ein Abenteurer auf der Durchreise, und wenn er seinen Schatz finden will, gehört es dazu, solche Dinge zu erleben. Und schon kehren sein Mut und die Lust am Reisen zurück. Er geht gestärkt aus dieser Situation hervor und schaut der Gegenwart ins Auge, statt sich beraubt zu fühlen.

Das Leben beschert uns bisweilen viel Schlimmeres als einen Betrüger. In solchen Stunden fühlen wir uns wie eine Seele, die auf einem fremden Planeten notgelandet ist und nicht weiß, wohin sie sich wenden soll. Santiago beneidet den Wind, der überall hingehen kann, und da wird ihm auf einmal bewusst: Nichts kann ihn von seinem Abenteuer abhalten.

Lieben wir unsere Berufung, lieben wir die Welt. Wie ich in jener Nacht dort draußen im Regen stand, rezitierte ich aus ganzem Herzen Gedichte. Und mir war klar, dass ich weder einer bin, der nicht weiß, wohin er sich wenden soll, noch ein von einer Schar Gläubiger verjagter Teufel. Ich bin Dichter. Die Regentropfen, die mir ins Gesicht peitschten, die Böen, die die Maisblätter zum Tanzen brachten, ja selbst das Wachs, das auf die Fensterbank tropfte – dies alles empfand ich plötzlich als Segen. Und ebenso bewusst war mir, dass ein solcher Moment voll von Poesie nicht jedem Menschen vergönnt ist.

Das wollte das Leben mir sagen. Was ich in jener Nacht erlebte, ließ mich nicht mehr los. Wo auch immer ich bin und was auch immer geschieht, ich brauche mir nur vor Augen zu führen, dass ich Dichter bin, und schon kann ich alles, was mir begegnet, mit offenem Herzen empfangen. Es war ein Moment, den mir mein Leben zum Geschenk gemacht hat. Ihm habe ich zu verdanken, dass ich schreiben kann und mir bis heute den Sinn für wahre Schönheit und die Kostbarkeit des Daseins bewahren konnte.

EIN VOGEL FLIEGT, AUCH WENN ER NICHT WEISS, WO ER LANDEN WIRD

Nach dem Tod ihres Mannes zog eine Frau ihre Tochter alleine groß. Als diese schließlich erwachsen war, fand sie keine Arbeit, und da die Mutter inzwischen zu krank zum Geldverdienen war, musste sie nach und nach alles verkaufen, was sie je besessen hatte. Nur noch ein Stück war ihr geblieben: eine goldene Halskette mit einem Saphir, ein Erbstück der Familie ihres Mannes. Doch sosehr sie ihr am Herzen lag, es kam der Tag, an dem sie sich selbst davon trennen musste.

Sie trug ihrer Tochter also auf, das Schmuckstück zum besten Juwelier der Stadt zu bringen und es ihm anzubieten. Der Mann begutachtete es sorgfältig und fragte die junge Frau, warum sie es verkaufen wolle, und da erzählte sie ihm von den finanziellen Schwierigkeiten, in denen sie sich befanden.

Der Juwelier schüttelte den Kopf. »Im Moment ist der Goldpreis sehr niedrig. Es ist kein guter Zeitpunkt, deine Kette zu verkaufen. Es wäre besser zu warten.«

Er lieh ihr etwas Geld und sagte, sie solle am nächsten Tag zu ihm ins Geschäft kommen. Sie könne als Aushilfe bei ihm anfangen und sich so etwas verdienen, um für sich und ihre Mutter zu sorgen.

So kam es, dass die junge Frau in dem Juwelierladen zu arbeiten begann. Dabei lernte sie unter anderem, den Wert von Schmuckstücken einzuschätzen. Der Juwelier war zufrieden, und er brauchte die junge Frau nur zu sehen, und es zauberte ihm ein Lächeln ins Gesicht.

Eines Tages sagte er zu ihr: »Wie du weißt, ist der Goldpreis in letzter Zeit stark gestiegen. Rede mit deiner Mutter. Es wäre jetzt eine gute Zeit, die Kette mit dem Saphir zu verkaufen.«

Nach der Arbeit ging die junge Frau also nach Hause und überbrachte ihrer Mutter die Botschaft. Natürlich sah sie sich die Kette genauer an, bevor sie sie mit ins Geschäft nahm. Und sie merkte, dass sie nur vergoldet war und der Saphir feine Risse aufwies. Er war also von minderwertiger Qualität.

»Warum hast du die Kette nicht mitgebracht?«, fragte der Juwelier sie am nächsten Morgen.

»Das hätte keinen Sinn gemacht. Ihr habt mich gelehrt, Schmuckstücke zu begutachten, und so genügte ein Blick, um zu wissen, dass sie nicht wertvoll ist. Warum habt ihr es mir nicht gleich gesagt? Ihr müsst es doch gesehen haben.«

Schmunzelnd antwortete der Juwelier: »Hättest du mir geglaubt, wenn ich dir das damals gesagt hätte? Wahrscheinlich wärst du misstrauisch geworden und hättest vermutet, dass ich eure Notlage ausnutzen und die Kette billig erwerben wollte. Oder du wärst mit falschen Erwartungen von einem Juwelier zum anderen gelaufen, um doch noch einen höheren Preis zu erzielen. Vielleicht wärest du gar so verzweifelt gewesen, dass du den Lebensmut verloren hättest. Was hätten wir gewonnen, wenn ich dir damals die Wahrheit gesagt hätte? Du wärst mit Sicherheit nie zur Schmuckkennerin geworden. Aber so weißt du nun über Gold und Edelsteine Bescheid, und ich habe dein Vertrauen gewonnen.«

Dank eigener Erfahrung Echtes von Falschem unterscheiden zu können, ist mehr wert als jeder noch so gute Rat. Ein Mensch, der sein Urteilsvermögen durch eigenes Erleben schult, vergeudet seine Zeit nicht damit, anderen zu misstrauen oder in Verzweiflung zu verfallen. Er geht einfach seinen Weg. Und damit er dies tun kann, dürfen wir ihn nicht mit vorschnellen Ratschlägen und unausgegorenen Weisheiten daran hindern. Erkenntnisse, die wir uns nicht selbst erarbeitet haben, sind wie Flügel, die wir nicht ausbreiten können. Die Probleme des Lebens sind im Erleben zu lösen.

Bei einem meiner ersten Trekking-Aufenthalte im Himalaya plante ich, zum Dorf Langtang in Nepal aufzusteigen. Der Oktober oder November wären ideale Monate für diese Tour gewesen, aber es war Januar, als ich, der langhaarige Tourist, in einem Gasthof in Kathmandu meinen Koffer auspackte. Zu meiner Freude lief ich im Ort einem Bekannten aus Nepal über den Weg, der Profi-Bergsteiger war. Ich erzählte ihm von meinem Plan: in einer Woche hin und zurück von Syabru Bensi bis hinauf zum Kyanjin Gompa auf 3800 Metern. Bei meiner letzten Tour hatte ich einen Sherpa und viel Gepäck dabeigehabt. Diesmal wollte ich ganz leicht unterwegs sein – nur mit dem Allernötigsten im Rucksack. Ich hatte schon diverse Trekking-Touren unternommen und fühlte mich gut gerüstet. Ich strotzte nur so vor Zuversicht.

Als ich meinem Freund sagte, dass ich nicht einmal einen Schlafsack mitnehmen wollte, zog er die Augenbrauen hoch, aber er sagte kein Wort. Er nickte nur.

Die Tour nach Langtang wurde zu einem einzigen Fiasko. Die Route war wesentlich gefährlicher und anspruchsvoller, als ich es mir vorgestellt hatte. Da ich keinen Sherpa hatte, verlief ich mich andauernd. Statt einer Woche wie geplant brauchte ich zehn Tage, und die Einheimischen, denen ich unterwegs begegnete, waren entsetzt bei meinem Anblick. Ich war angezogen, als wollte ich eben kurz den Hügel hinterm Haus hochlaufen. Bei meinem Aufbruch in Syabru Bensi sah ich aus wie ein zivilisierter Mensch.

War es eine ausschließlich leidvolle Erfahrung? Ich habe seither im Himalaya über zwanzig Touren unternommen, aber der Weg nach Langtang hat sich mir am intensivsten eingeprägt. Nicht nur wegen der Landschaft, der schneebedeckten Gipfel von Ganesh Himal, die meine Augen und meine Seele überwältigten. Die kaum zu ertragende Kälte, die mich dazu brachte, unterwegs in einem Laden eine dicke Jacke, ein paar Handschuhe und eine Mütze aus Yakwolle zu kaufen; vor allem aber die liebevolle Hilfe der Einheimischen vor Ort sind mir unvergesslich geblieben. Weil es unmöglich war, im Winter auf dem Berg ohne Schlafsack zu campieren, ließen mich die Besitzer der Gasthäuser in ihrer Küche übernachten, wo ich dem Knistern des Feuers im Lehmofen lauschte. So kam ich mit den Leuten, die dort wohnten, ins Gespräch, und dieser zwischenmenschliche Austausch machte diese Tour zu etwas ganz Besonderem.

Als wäre ich zu nah an einer Bombenexplosion gewesen, war

mein Gesicht von der erbarmungslosen Hochgebirgssonne total verbrannt, und meine Lippen waren mit Fieberbläschen übersät, als ich, körperlich völlig ausgezehrt, mit letzter Kraft Syabru Bensi erreichte. Aber mein Geist war noch nie so frisch gewesen und mein Blick noch nie so strahlend. In diesem Zustand traf ich meinen nepalesischen Freund, den Profi-Bergsteiger, wieder.

»Warum hast du mich nicht gewarnt?«, fragte ich. »Wieso um Himmels willen hast du mir nicht gesagt, was an Ausrüstung unverzichtbar ist? Du kennst das Langtang-Gebiet doch wie deine Westentasche!«

»Weil es besser für dich ist, es durch eigene Erfahrung zu lernen. Das hier wird doch nicht deine letzte Tour sein! Ich wusste, dass du dir unterwegs alles besorgen kannst, was du brauchst. Und auch dass du alle Probleme am Ende irgendwie meistern wirst.«

Leben heißt nicht, sich Erklärungen anzuhören. Es heißt, die Dinge selbst zu erleben. Alles in uns, was nicht gut und richtig ist, wird dabei verbrannt. Hätte mein Freund nicht so sehr mit Ratschlägen gegeizt, hätte sich mir die Langtang-Tour nicht so tief ins Gedächtnis gegraben. Ich bin fest überzeugt, dass mir der Weg damals vorbestimmt war. Ich habe dabei gelernt, mein Leben nicht nach den Ratschlägen erfahrenerer Menschen auszurichten, sondern mich ohne groß zu zögern ins Nichtvorhersehbare zu stürzen, damit mir, wann immer ich mich auf unbekanntes Terrain begebe, kein Sherpa, sondern das wahre Leben begegnet. Das Leben, so weiß ich jetzt, wird mir letzten Endes die Lösung zeigen. Um es mit einem meiner Lieblingssprüche zu sagen: »Ein Vogel fliegt, auch wenn er nicht weiß, wo er landen wird.« Und fliegen lernt er immer.

HÄNG DIE SACHE NICHT SO HOCH AUF!

Auf einer Reise durch die indische Provinz Ladakh gelangte ein Mann in die Stadt Leh. Sie ist auf 3500 m Höhe gelegen. Als er in der Herberge, in die er sich einquartierte, einen Mann mit einem mobilen Sauerstoffgerät und Atemmaske daliegen sah, war dies seine erste Begegnung mit der Höhenkrankheit, die er bis dahin nur vom Hörensagen kannte. Sein Zimmer befand sich im zweiten Stock, und selbst das Treppensteigen vom Erdgeschoss hinauf fiel ihm schwer. Schon bald stellten sich Kopfschmerzen und Schwindel ein. Nach dem Abendessen verschlimmerte sich sein Zustand, und es ging ihm richtig schlecht.

Der Wirt versicherte ihm, dass er sich bloß einen Tag schonen solle, und schon würde es ihm besser gehen. Aber je länger er sich in dieser Höhe aufhielt, desto stärker wurden seine Kopfschmerzen und desto mehr raste sein Puls. Das Sauerstoffgerät, das er für viel Geld auslieh, schien keine nennenswerte Besserung zu bringen. Seine Angst vor der Höhenkrankheit wurde Stunde um Stunde größer. Am dritten Tag ließ er einen Arzt rufen. Der stellte nach eingehender Untersuchung und Überprüfung des Blutsauerstoffs fest, dass er an einem einfachen Verdauungsproblem litt und verordnete diverse Medikamente. Seine Angst aber wurde der Mann nicht los.

So kam es, dass er die ganze Woche, die er eigentlich hatte herumreisen wollen, sein Zimmer nicht verließ und im Bett lag und am Ende mit dem Flugzeug ins Tal zurücktransportiert wurde. Erst später, so erzählte er mir, habe er von anderen Reisenden erfahren, dass seine Symptome nicht wirklich schlimm gewesen seien. Alle hätten sie gehabt. Im Nachhinein habe er begriffen, wie dumm er gewesen war. Er hatte sich sein Problem nur eigeredet.

Wir alle wissen um die Neigung der menschlichen Psyche, uns in einen Zustand innerer Aufruhr zu versetzen, indem sie in das äußere Geschehen viel zu viel hineininterpretiert. Was für eine Zeit- und Energieverschwendung! Stellen Sie sich vor, man würde Ihnen sagen: »Setz dich hin, schließ die Augen und denke an alles, bloß nicht an einen gelben Papageien.« Kaum hätten Sie die Lider geschlossen, wäre er da, der gelbe Papagei. Er würde sie gnadenlos verfolgen – ob Sie essen oder arbeiten, immerzu würden Sie an ihn denken. Er würde Ihnen sogar noch nachts im Traum erscheinen! Und es ist niemand anders als Sie selbst, der diesen Vogel zum Monster macht.

Es war nach Mitternacht, als ich zum ersten Mal nach Chennai in Südindien kam, und obwohl es Dezember war, goss es in Strömen. Ich nahm mir eine Motorrikscha, um ins Hotel zu fahren, jene Mischung aus Motorrad und Auto, die in Indien das Fahrzeug der armen Leute ist. Der Stoff, der die Kabine überspannte, hatte dem Regen wenig entgegenzusetzen. Schon nach hundert Metern war ich völlig durchnässt, und mein Rucksack sah aus wie aus dem Wasser gezogen.

Noch nie hatte ich innerhalb von so kurzer Zeit so viel Regen niedergehen sehen. Die Räder der Rikscha waren komplett unter Wasser, und ich konnte nicht sagen, ob wir durch Sumpf oder Pfütze fuhren, aber sie kämpfte sich tapfer voran. Der Regen prasselte mit solcher Wucht herab, dass ich mich des Gefühls nicht erwehren konnte, er hätte es gezielt auf uns abgesehen. Es war kaum jemand auf der Straße, aber wenn wir an jemandem vorbeikamen, konnte ich nicht sagen, ob es Mensch war oder Kuh. Der alte Fahrer schien meine Angst zu spüren, denn wie ich mich mit beiden Händen an die Streben klammerte, versicherte er mir: »Nothing special!«

Nichts Besonderes. Mach dir keine Sorgen. (In Südindien sind solche Wolkenbrüche selbst im Dezember keine Seltenheit, denn die Regenzeit dauert dort sehr lange.) Durch die Worte des Rikschafahrers verschob sich mein Blickwinkel, und der Gedankenschlacht in meinem Kopf ging augenblicklich die Luft aus. Auf einmal dachte ich: »Ich bin doch auf Reisen! Wo, wenn nicht hier, in einem subtropischen Land, soll ich einen solchen Regenguss erleben?« Im Hotel angekommen, breitete ich meine nasse Kleidung und alle Habseligkeiten aus meinem Rucksack im Zimmer aus. Dann legte ich mich ins Bett. Als ich am nächsten Morgen aufwachte und das Fenster öffnete, schaute ich in einen wolkenlosen Himmel, und unten auf der Straße holperte ein mit frischen Bananen voll beladener Karren vorbei.

Befreien wir uns von unseren zwanghaften Gedanken, öffnen sich Geist und Herz. Wir neigen dazu, vorübergehenden Problemen zu viel Macht zu geben, und während wir gegen sie ankämpfen, finden wir keine ruhige Minute, um das Schöne im Leben zu genießen. Unter dem Zwang unserer Gedanken lassen wir uns von einem einzelnen Ereignis völlig in Beschlag nehmen. Wenn wir es zulassen, wachsen die Themen, mit denen wir uns auseinanderzusetzen haben, zu wahren Monstern heran – zu Monstern, die uns noch weiter von den eigentlich wichtigen Dingen entfernen. Das Herz öffnen, annehmen – das ist der Schlüssel zu einem spirituellen Leben.

Neulich traf ich mich mit einem indischen Freund, der nach Korea gekommen war. Wir tranken Tee, und er erzählte mir von seinem Onkel Patak, den ich auch kenne. Der Mann hatte einen akuten Blutsturz erlitten und brauchte dringend eine Bluttransfusion. Da er eine seltene Blutgruppe hat, war es schwierig, den passenden Spender zu finden, doch zum Glück gelang es noch rechtzeitig. Die Transfusion verlief reibungslos, Patak wurde gesund, und er konnte ganz normal weiterleben.

Einen Monat später allerdings trat ein neues Problem auf. Patak war orthodoxer Hindu, und plötzlich bekam er Bedenken. »Wer war der Blutspender? Stammt er aus einer oberen Kaste wie ich oder aus einer niederen? Was, wenn es ein Unberührbarer ist? Wenn er Muslim ist? Oder vielleicht sogar Verbrecher?«

Patak grübelte so sehr über das fremde Blut, das nun in seinen Adern floss, dass sein Puls zu rasen begann und es ihm ständig den kalten Schweiß aus den Poren trieb. Dass der Arzt ihm versichert hatte, es gäbe keinerlei Komplikationen wegen des gespendeten Bluts, vergaß er völlig. Irgendwann war er mit den Nerven derart am Ende, dass er sich in psychotherapeutische Behandlung begeben musste. Doch nichts half ihm. Er war fest davon überzeugt, dass seine Anfälle von Herzrasen, seine innere Unruhe und Müdigkeit auf die DNA und das Hämoglobin des unbekannten Blutspenders zurückzuführen seien. Wütend rief er bei allen möglichen Behörden an und forderte den Erlass eines Gesetzes, das es den Angehörigen niederer Kasten verbietet, Blut an Angehörige höherer Kasten zu spenden.

Es war nicht damit zu rechnen, dass Patak je wieder ein normales Leben führen könnte. Die Erleichterung, eine lebensbedrohliche Krankheit überstanden zu haben, war längst vergessen. Der Mann wirkte mit aller Kraft darauf hin, seine Situation zu verschlimmern. Die Welt reagierte darauf, indem sie ihm weitere Probleme auflud. Und so kam es, dass er, der Meister im Problem-Erschaffen, die Chance vergeudete, etwas aus dem neuen Leben zu machen, das ihm geschenkt worden war.

Da fällt mir die folgende Fabel ein.

»Weißt du, wie schwer eine Schneeflocke ist«, fragte eine Tannenmeise eine Wildtaube.

»Sie wiegt fast gar nichts«, antwortete diese.

»Dann erzähle ich dir eine unglaubliche Geschichte«, sagte die Tannenmeise. »Ich saß auf einem der unteren Zweige einer Tanne, als es zu schneien anfing – nicht sehr viel, und es ging auch kein Wind. Es schneite leise wie im Traum. Ich hatte nichts anderes zu tun, und so begann ich, die Schneeflocken zu zählen, die auf meinen Zweig fielen. Genau 3.741.952 Schneeflocken hatte ich gezählt, als die nächste vom Himmel schwebte, die ja deiner

Meinung nach so gut wie gar nichts wiegt. Aber als sie landete, brach der Zweig.«

Wie viele Schneeflocken häufen sich gerade in meinem Geist an? Es gibt nichts, was uns leichter zu Fall bringen könnte als unsere eigenen Gedanken. Kaum hat der Kopf eine Lösung gefunden, schafft er sich tausend neue Probleme. In diesem Sinne verfügen wir alle über die Fantasie von Geschichtenerzählern. Hören wir auf, in Gedanken Krieg gegen uns selbst zu führen, tut sich plötzlich eine völlig neue Welt vor uns auf.

Bei einer Frau wurde Krebs im Endstadium diagnostiziert. Sie reagierte schockiert und verfiel in Depressionen. Als ihr spiritueller Lehrer sie besuchte, bat sie ihn um Rat.

»Häng die Sache nicht so hoch auf«, sagte der.

Dass sie an Krebs erkrankt war, sei schlimm genug, aber sie solle dieser unglücklichen Tatsache nicht noch mehr Gewicht verleihen, indem sie sich quälte. Die Frau, die schon immer ein spirituelles Leben geführt hatte, begriff den Sinn seines Rates und fand in ihre innere Balance zurück. Sie erkannte auch, dass der Krebs nur ein Teil von ihr war und nicht das Ganze. Sehr zum Erstaunen der Menschen in ihrem Umfeld wurde sie plötzlich viel aktiver, denn die Energie, die sie bis dahin zum Ankämpfen gegen die Angst aufgewandt hatte, stand ihr nun an Lebenskraft zur Verfügung. Statt ihre Gedanken um den Krebs kreisen zu lassen, konnte sie sich jetzt ihrer Heilung widmen. Versöhnen wir uns mit unserem Problem und nehmen wir es an, schrumpft es, während wir wachsen. In Wahrheit nämlich sind wir viel größer als unsere Probleme.

»Häng die Sache nicht so hoch auf!« Diesen Satz sollten wir beherzigen, ganz gleich, ob diese »Sache« für uns Glück oder Unglück bedeutet.

Trotzdem sollten wir diesen Rat nicht unbesehen weitergeben. Man würde uns höchstwahrscheinlich davonjagen oder die Freundschaft aufkündigen, würden wir den Satz einem Menschen sagen, der nach einem großen Erfolg überglücklich ist; der gerade einen ungerechten Verlust erlitten hat oder im Krankenbett liegt. Genau genommen sollten wir ihn keinem anderen sagen, sondern uns selbst. Dann macht er wirklich Sinn.

EIN MANTRA FÜRS LEBEN

»Das schmeckt lecker, das schmeckt lecker!« So lautete der Zauberspruch, den eine Bekannte jedes Mal aufsagte, bevor sie zu essen begann. Sie tat es mit einem leisen Lächeln und einer Ernsthaftigkeit, als würde sie Masala über das Gericht streuen, um es geschmacklich aufzuwerten. Angeblich sprach sie ihre Beschwörungsformel auch zu Hause während des Kochens.

»Du glaubst doch nicht allen Ernstes, dass schlechtes Essen besser wird, nur weil du diesen Spruch aufsagst?«, fragte ich.

»Na klar wird es lecker! Das ist ein starkes Mantra!«, erwiderte sie.

Irgendwann war es so weit, und sie hatte mich angesteckt. »Ihr seid die allerschönsten goldenen Süßkartoffeln, ihr seid die allerschönsten goldenen Süßkartoffeln!«, murmele ich seither bei der Zubereitung ganz normaler Knollen. Und ich habe das Gefühl, dass es tatsächlich wirkt. Natürlich handelt es sich um eine Art Selbsthypnose, aber es wäre unklug, das Ganze deshalb von der Hand zu weisen. Es ist erwiesen, dass Geschmack nicht im Essen selbst, sondern im Gehirn seinen Ursprung hat. Honig etwa schmeckt gar nicht süß, unser Gehirn gaukelt es uns nur vor. Es handelt sich um eine Art Überlebensstrategie. Selbsthypnose spielt bei der Geschmackswahrnehmung eine große Rolle.

Meine Bekannte ist mittlerweile nach Neuseeland ausgewandert, aber ich kann mir bildlich vorstellen, wie sie auf der Nordinsel über irgendeinem fremdartigen Gericht ihren Zauberspruch murmelt: »Das ist lecker!« Der ganze Teller wird zu strahlen beginnen, und alles, was darauf liegt, wird köstlich sein ...

Mantra ist ein Begriff aus dem Sanskrit und leitet sich ab von *manas* = »Geist« und *tram* = »Instrument«, lässt sich also mit »Instrument des Geistes« übersetzen. Bei der Arbeit mit Mantren wird durch ständiges Wiederholen einer Silbe, eines Wortes oder eines Satzes eine starke Schwingung erzeugt, bis der darin enthaltene Gedanke eine übermächtige, ja fast übernatürliche Kraft bekommt.

Vor zehn Jahren stand Renata, eine polnische Freundin, plötzlich vor mehreren gravierenden Herausforderungen, die alle zur gleichen Zeit zu meistern waren. Zum einen sah sie sich gezwungen, ihre Stelle als Professorin zu kündigen, weil sie den Neid und die Feindseligkeiten ihrer Kollegen nicht länger ertragen konnte; dann verschlimmerte sich ihr angeborener Herzfehler derart, dass sie sich einer umfangreichen Untersuchung unterziehen musste. Außerdem hatte sie eine wichtige Entscheidung zu treffen, um ihr aus den Bahnen geratenes Leben wieder auf Spur zu bringen, bevor es zu spät war.

»Wszystko będzie dobrze!«, sagte sie bei jeder Gelegenheit – polnisch für »Alles wird gut!« Dieses Mantra gab ihr Halt, und irgendwann wurde es wahr. Sie wurde von einer anderen Universität

zur Professorin berufen, und die Konditionen waren sogar noch besser als bei ihrer alten Stelle. Mit den Resultaten ihrer Herzuntersuchung konnte sie zufrieden sein, und dank der wichtigen Entscheidung, zu der sie sich durchgerungen hatte, konnte sie endlich das neue Leben beginnen, von dem sie vorher nur geträumt hatte. Sie beherzigte den Spruch, den sie irgendwann an der Wand eines Meditationszentrums gelesen hatte: »Setze keinen Punkt an die Stelle, an die Gott ein Komma gesetzt hat.«

Vor langer Zeit habe ich Ähnliches erlebt. Es war während eines Aufenthaltes in einem Aschram in Indien, und ich befand mich in einem Zustand des extremen inneren Aufruhrs. Mitten während der Meditation stürmte ich plötzlich aus dem Raum, lief halb nackt durch die Gegend oder fuhr mit dem Zug dreißig Stunden bis ans Ende des Kontinents und wieder zurück. Weil ich nichts aß, war ich bis auf die Knochen abgemagert. Ich stand buchstäblich am Rand des Wahnsinns. Bei jedem neuerlichen Anfall sagte mir eine Freundin, die ich im Aschram kennengelernt hatte: »Es ist alles in Ordnung. Lass deine Gedanken los.«

Als ich nach der verrückten Bahnfahrt zu ihr kam, führte sie mich in ein Restaurant in der Nähe, gab mir zu essen und sagte: »Es ist alles in Ordnung. Lass alles los.« Dabei muss ich körperlich und geistig wie ein Gespenst gewirkt haben.

Nicht ich, sondern meine Seele war hungrig. »Es ist alles in Ordnung.« Wahrscheinlich ging ich nur zu ihr, um diesen Satz zu hören. Sie gab mir damit zu verstehen, dass meine Gedanken wieder einmal einen Sturm im Wasserglas entfacht hatten. Es sei nichts dran an der Sache! Ich würde es mit der Zeit selbst merken.

»Es ist alles in Ordnung« war für diese Frau kein aus der Luft gegriffener Satz. Es war Lebenserfahrung, die da aus ihr sprach: Sie hatte den falschen Mann geheiratet und in ihrem Leid versucht, sich das Leben zu nehmen, weswegen sie aus einem fahrenden Zug gesprungen war. Und noch dazu hatte sie ihr geliebtes Kind verloren. Unzählige Stromschnellen hatten sie endlich in das Meer von »Es ist alles in Ordnung« gespült. Wenn ich an diese Zeit zurückdenke, taucht in meiner Erinnerung unter den vielen spirituell Suchenden aus allen Ecken der Welt, denen ich im Aschram begegnet bin, ihr friedlich strahlendes Gesicht auf. Sie brachte dem Märchenhelden, der im Turm eingesperrt war, das magische Wort, das ihn befreite.

Auch wenn wir es selbst oft nicht merken – jeder von uns hat sein eigenes Mantra, das mit seinen Schwingungen ganz bestimmte Hologramme bildet, aus denen wir uns unser Leben erschaffen. Es genügt, uns im Inneren gewohnheitsmäßig und unbewusst ein Wort beziehungsweise einen Satz vorzubeten, und schon wird daraus eine Mantra-Meditation.

In Kalkutta lernte ich einen Touristen kennen, der in jedem Satz das Wort »furchtbar« verwendete. Er schien an allen Orten, an denen er gewesen war, fortwährend »Furchtbares« erlebt zu haben. Er war mit einem »furchtbaren Nachtzug« gefahren, hatte in einem »furchtbaren Hotel« übernachtet und ein »furchtbares Lassi« (einen Trinkjoghurt) getrunken. Er trat sogar in einen »furchtbaren Kuhfladen« und sah in einem Hindutempel einen »Gott mit furchtbarer Fratze«. Um seinen Worten mehr Nachdruck zu verleihen, machte er zudem permanent ein »furchtbares Gesicht«.

Tags darauf sah ich ihn in einem Straßencafé sitzen und mit ziemlich unzufriedener Miene einen Chai-Tee trinken. Zwischen ihm und der Welt stand eine hohe Mauer. Ich hoffte, seine Reise würde für ihn nicht auf diese Weise enden.

Ein Weiser machte auf der Durchreise Station in einem Dorf. Eine Frau aus dem Ort hatte von seiner Anwesenheit erfahren und ging zu ihm, um ihn zu bitten, ihrem kranken Kind zu helfen. Er folgte ihr, und als sie bei ihrem Haus ankamen, strömten viele Leute herbei. Der Weise legte seine Hand auf die Stirn des kranken Kindes und begann zu beten.

»Wenn dem Kind nicht einmal die Medikamente helfen, die der Arzt verordnet hat, wie soll dein Gebet dann etwas bewirken?«, rief ein Mann aus der versammelten Menge.

»Du hast ja keine Ahnung vom Beten! Du bist ein solcher Idiot!«, schrie der Weise.

Der solchermaßen Beschimpfte lief vor Wut rot an und stieß die wüstesten Flüche gegen den Weisen aus. Der aber lächelte und sagte: »Guter Mann, wenn meine Worte dich dermaßen aufregen können, vielleicht können dann auch die Worte meines Gebets eine heilende Kraft entfalten.«

So heilte der Weise an jenem Tag zwei Menschen.

»Wähle die Worte, die du denkst, mit Bedacht«, lautet ein kluger Spruch. Denn auch wenn andere sie nicht hören, wir hören sie selbst. Ein Wort kann uns im Inneren zersetzen, während ein anderes wie ein Samenkorn in eine Ackerfurche fällt und in uns die Hoffnung und den Lebensmut aufkeimen lässt. Ob Zersetzung oder Wachstum, ob schädlich oder nützlich – beide Prozesse brauchen ihre Zeit, aber welcher sich vollzieht, hängt von den Mikroorganismen ab, die wir zum Einsatz bringen.

»Ich will mit euch tun, wie ihr vor meinen Ohren gesagt habt«, ist mehr als bloß ein Bibelspruch. Wie uns eine Maske aufs Gesicht drückt, so prägen sich uns die negativen Stimmen in unserem Inneren ein, wenn wir sie unbewusst wiederholen. Andrew Newberg weist in seinem Buch *Die Kraft der Mitfühlenden Kommunikation. Wie Worte unser Leben ändern können* darauf hin, dass sich schon ein einziges Wort auf den Ausdruck der Gene auswirken kann, die für unseren Umgang mit physischem und emotionalem Stress zuständig sind. Es genügt, Worte wie »Liebe« oder »Frieden« auszusprechen, um funktionale Änderungen im Gehirn zu bewirken.

Pu der Bär fragt in dem gleichnamigen Kinderbuch seinen besten Freund Ferkel: »Welcher Tag ist heute?«, und er antwortet selbst: »Heute ist mein Lieblingstag.« Ein von Pu oft und gern gebrauchter Zauberspruch.

Mein Mantra heißt: »Atme!« Wenn ich unruhig bin oder merke, wie meine Emotionen hochkochen; wenn ich mich ärgere oder spüre, wie sich meine Gedanken auf sinnlose Achterbahnfahrt begeben, sage ich zu mir: »Atme!«, und ich hole tief Luft. Und sogleich habe ich meine Emotionen unter Kontrolle, werde ruhig und komme ganz ins Hier und Jetzt.

Wie lautet Ihr persönlicher Zauberspruch? Spiegelt sich in seiner Wortwahl der Reifungsprozess der Bejahung wider?

NIMM BEIM ZÄHLEN SEGENSREICHER MOMENTE DIE VERLETZUNGEN NICHT AUS

»Ein Erlebnis, das uns verletzt, ist kein zufälliges Ereignis. Es ist die Chance, auf die wir geduldig gewartet haben, um unsere Richtung im Leben zu finden, um dieses also ernst zu nehmen. Hätte sich dieser Zwischenfall nicht ereignet, wären wir jetzt auf der Suche nach einem anderen ähnlichen Erlebnis.«

W. H. AUDEN, ENGLISCHER LYRIKER

Eine junge Frau träumte davon, eines Tages ihre eigene psychotherapeutische Praxis zu eröffnen. Ihre Eltern, die ihr sehr zugewandt waren, verfügten über ausreichende Mittel, um ihr das Studium zu ermöglichen, und sie wollte mit ihrer Arbeit Menschen helfen, die an emotionalen Verletzungen litten. Nach dem Bachelor heiratete sie zunächst und führte mit ihrem Mann ein beneidenswert unbeschwertes Leben, bis sie nach einiger Zeit beschloss, nun doch ihren Master in Psychologie zu machen, um sich ihren alten Wunsch zu erfüllen. Und mit einem Mal holte das Pech sie ein.

Ihr Sohn und einziges Kind brach plötzlich zusammen und starb, bevor man herausfinden konnte, woran er gelitten hatte. Kaum hatte sie sich vom ärgsten Schock erholt, erfuhr sie, dass ihr

Mann sie betrog. Auf ihre Kritik und Vorwürfe ging er mit keinem Wort ein. Er ließ sie einfach sitzen. Zu diesem Zeitpunkt ahnte sie noch nicht, dass sie zehn Monate später ihrem Vater ins Grab nachschauen würde. Ihr Beschützer, der ihr ihr Leben lang mit Rat und Tat zur Seite gestanden und stets für ihre Sicherheit gesorgt hatte, war plötzlich nicht mehr da.

Ihre Trauer war grenzenlos. Wenn sie bloß das Rad der Zeit zurückdrehen und die Menschen, die sie verloren hatte, irgendwie zurückholen könnte! Sie war jetzt nicht mehr die Mutter von jemandem, die Ehefrau von jemandem oder die Tochter von jemandem. All ihre bisherigen Identitäten hatten sich plötzlich in Luft aufgelöst, und zum ersten Mal in ihrem Leben war sie ernsthaft mit der Frage konfrontiert, wer sie eigentlich sei. Aus ihrer Trauer heraus fing sie auf einmal an, in sich selbst hineinzulauschen. Sie erkannte, dass eine verletzende Wahrheit besser ist als falscher Trost. Erwacht die Seele zu neuem Leben, verlieren alte Verluste an Bedeutung.

Inzwischen hat die Frau sowohl ihr Masterstudium als auch die harte Schule des Lebens gemeistert, und sie arbeitet heute als Psychotherapeutin. Wer das Leid aus eigener Erfahrung kennt und dennoch den anderen fragt, »Geht‘s dir gut?«, ist der »verwundete Heiler«, von dem C. G. Jung spricht. Heilung bricht manchmal wie eine Woge über uns herein. Sie wirft uns zu Boden, und kaum ist sie verebbt und wir haben unseren Halt wiedergefunden, schwappt schon die nächste über uns hinweg.

Wenn wir uns mit dem Messer schneiden, werden unsere physischen und emotionalen Heilungsmechanismen augenblicklich mobilisiert und funktionieren viel aktiver als zuvor. Mit Mitte vierzig, auf dem Höhepunkt seiner Karriere, ereilte den gefragtesten Pianisten der Gegenwart, Murray Perahia, ein unerwarteter Schicksalsschlag. Er schnitt sich an der Kante eines Notenblatts am rechten Daumen. Die Wunde sah zunächst harmlos aus und schien auch schnell zu verheilen, doch dann kam es zu einer Infektion, und der Daumen deformierte sich. Perahia musste zweimal operiert werden, was bedeutete, dass er jahrelang nicht Klavier spielen konnte.

Ein Pianist, der sein Instrument nicht spielen kann! Durch welches Tal der Finsternis muss er gegangen sein. Aber Perahia erklärte, sich während dieser Zeit ungemein weiterentwickelt zu haben. Er habe endlich Zeit gehabt, sich der Musik jenseits des Klaviers aus verschiedenen Perspektiven zu nähern. Er habe sich gefragt, was in einem Komponisten vorging, wenn er seine Noten niederschrieb, und er habe Antworten gefunden. Als er wieder spielen konnte, tat er es auf einem höheren Niveau. Sein Spiel hatte an Seele und Tiefe gewonnen. Nicht umsonst nennt man ihn »den Troubadour des Pianos«. Die *Goldberg-Variationen* von Bach, die er nach seinem Comeback aufnahm, hielten sich fünfzehn Wochen lang in den Billboard Charts. In seiner Musik schwingt ein Gefühl von Dankbarkeit an Gott mit – die Dankbarkeit eines Menschen, der Leid überwunden hat.

Murray Perahias Interpretation von Beethovens *Mondscheinsonate* ist melancholisch: »Viele Experten waren der Meinung, dass es in Wahrheit keinen Zusammenhang zwischen dem Mondschein und der *Mondscheinsonate* von Beethoven gibt, und gingen davon aus, dass man diese im Nachhinein konstruiert habe. Bei einer Auktion wurde dann aber eine Notiz von Beethoven entdeckt, die er unmittelbar vor dem Komponieren des Stücks verfasst hatte. Es ging darum, wo er sich eine Äolsharfe beschaffen könne, jenes Instrument, von dem man sagt, Äolus, der Gott des Windes, würde es spielen, wann immer der Wind in seine Saiten greift und sie zum Klingen bringt. Der Legende nach steigt ein Liebespaar, das wie Romeo und Julia jung aus dem Leben schied, auf einen Planeten hinab, der nur den Mondschein kennt. Es ist die Traurigkeit von einsamen Inseln, auf denen solche Liebespaare wohnen, die hörbar in den Klängen der Äolsharfe schwingt. Und genau diese Klänge fing Beethoven in seiner Mondscheinsonate ein.«

Wäre es falsch zu behaupten, dass jede Verletzung einen Sinn hat? Vielleicht sind nicht wir es, die die Wunde heilen, vielleicht heilt die Wunde uns. Erleiden wir eine Verletzung, ist dies ein unmissverständlicher Hinweis darauf, welcher Aspekt von uns der Veränderung bedarf. Schaue ich auf mein Leben zurück, haben sich vermeintliche Verletzungen im Nachhinein stets als Meilensteine auf dem Weg erwiesen, den ich auf der Suche nach meinem wahren Selbst gegangen bin. Im Gewebe des Lebens sind die Etappen des Leids eng mit denen des Segens verwoben. Das englische »blessing« und das französische »blesser« gehen etymologisch auf die gleiche Wurzel zurück – »blessing« bedeutet »Segen«, »blesser« hingegen »verletzt werden«. Beim Zählen der segensreichen Momente dürfen wir die Verletzungen nicht ausnehmen.

Ein junger Mann erkrankte an Knochenkrebs. Nachdem ihm ein Bein amputiert worden war, verfiel er in Verzweiflung, und er entwickelte einen regelrechten Hass auf die Gesunden. In der ersten Sitzung der Maltherapie, die ihm die Ärzte verordneten, malte er seinen Körper als Vase. Sie war vollkommen schwarz und wies einen großen Riss auf.

Einige Jahre und viele Sitzungen später zeigte ihm der Therapeut sein erstes Bild.

»Oh, das ist noch nicht fertig«, bemerkte der junge Mann.

Ob er es nicht beenden wolle, fragte der Therapeut.

Er nickte, nahm einen gelben Stift zur Hand und deutete auf den Riss. »Sehen Sie«, sagte er. »Hier scheint die Sonne herein.« Und er brachte die Vase zum Strahlen.

Im Leben kommt es mehr darauf an, im Regen zu tanzen, als der Frage nachzugehen, wie man einen Wolkenbruch trocken übersteht, so der Spruch eines anonymen Verfassers.

Um zum spirituellen Krieger zu werden, braucht man ein gebrochenes Herz, sagt der aus Tibet stammende buddhistische Lehrer Chögyam Trungpa. Sonst sei man nicht geeignet. Leid, in dem man Sinn findet, sei kein Untergang, sondern der Moment der Wiedergeburt und Beginn einer neuen Reise. Die Katholiken sprechen von *felix culpa,* der »glücklichen Schuld«, quasi einem Untergehen mit wehenden Fahnen, da uns die Verletzung zur Erlösung führt.

Im nordamerikanischen indigenen Stamm der Sioux ist der Glaube verbreitet, dass der Mensch Gott am nächsten sei, wenn er leidet und traurig ist, da Schmerz die Schale des Egos zum Bersten bringt. Wer verwundet ist oder gelitten hat, gilt den Sioux als heilig. Die Leute wenden sich an diese Menschen und bitten sie, für sie zu beten. Ihr Gebet, so glaubt man, sei eindringlicher und kraftvoller und könne Gott darum am ehesten erreichen.

Der vietnamesische Mönch Thích Nhat Hanh erzählte: »Vor einigen Jahren zog ich mir einen Virusinfekt zu, und in meiner Lunge sammelte sich Blut an. Jedes Mal, wenn ich husten musste – und das war häufig der Fall –, war mein Taschentuch rot. Das Atmen fiel mir schwer, und beim Atmen glücklich zu sein, umso schwerer. Dank der medizinischen Behandlung heilte meine Lunge vollständig aus, und auch das Atmen geht jetzt wieder leicht. Jetzt ist meine Aufgabe, mich bei jedem Atemzug an die Zeit zu erinnern, in der meine Lunge so krank war. Wie gut fühlt sich dann jeder einzelne an!«

Könnte es sein, dass die »Verletzung« das Leben von außen in unser Inneres holt? Es wäre natürlich optimal, wenn wir unverwundet unser wahres Selbst entdecken und unsere Richtung im Leben finden könnten. Aber wie es aussieht, scheint unsere Seele ganz genau zu wissen, wie viel Zeit wir im Leid zubringen müssen. Dass unser Leben viel größer als jede Verletzung ist, weiß unsere Seele ebenso.

GOTT SCHREIBT MIT GESCHWUNGENER SCHRIFT EINE GERADE BOTSCHAFT

Ein Bettelmönch ging mit seinem Schüler auf Wanderschaft. Bei Einbruch der Dämmerung gelangten sie auf der Suche nach einem Quartier für die Nacht zu einer halb verfallenen, strohgedeckten Hütte, die einsam an einem Abgrund stand. Dort lebte ein Ehepaar mit seinen drei Kindern. Um die Hütte herum wuchsen weder Baum noch Strauch. Kein Weizen wogte auf den Feldern. Nur eine abgemagerte Kuh war in der Nähe angebunden.

Als der Mönch und sein Schüler um ein Nachtlager anfragten, hieß der Vater der Familie sie freundlich willkommen, und man tischte ihnen Käse und einen aus frischer Milch zubereiteten Brei auf, eine Großzügigkeit, die die Gäste angesichts der Armut, in der diese Leute lebten, tief berührte.

Nach dem Essen fragte der Mönch, wie die Familie in dieser Ödnis so weit entfernt von Stadt und Dorf überhaupt zurechtkommen konnte. Es gab ja keinen Acker weit und breit!

Die Frau warf ihrem Mann einen müden Blick zu und antwortete resigniert: »Unser einziger Besitz ist eine alte Kuh, deren Milch wir entweder trinken oder mit der wir Käse herstellen. Bleibt etwas davon übrig, bringen wir sie ins Dorf und tauschen sie gegen andere Lebensmittel. So halten wir uns über Wasser.«

Am nächsten Morgen bedankten sich der Mönch und sein Schüler für die Gastfreundschaft und machten sich auf den Weg.

»Geh zurück und stoß die Kuh von der Klippe«, sagte der Mönch zu seinem Schüler, kaum waren sie zur ersten Wegbiegung gelangt.

Der Schüler traute seinen Ohren nicht. »Diese Familie lebt doch allein von dieser Kuh. Ohne sie würden sie alle verhungern.«

»Geh schnell zurück und tu, was ich dir sage«, beharrte der Mönch.

Schweren Herzens schlich sich der junge Mönch zu der Hütte zurück. Er fürchtete um das Wohl der Familie, doch andererseits hatte er ein Gelübde abgelegt, das ihn zu bedingungslosem Gehorsam gegenüber seinem weisen Lehrer verpflichtete. Ihm blieb also ihm keine andere Wahl – er stieß die Kuh von der Klippe.

Jahre gingen ins Land, und irgendwann kam der junge Mönch, diesmal alleine, wieder in dieselbe Gegend. Er bereute seine Tat noch immer, und so beschloss er, zu der Familie zu gehen und sich zu entschuldigen.

Als er um die Biegung am Fuß des Berges kam, blieb er staunend stehen. Dort, wo damals die halb verfallene Strohhütte gestanden hatte, war jetzt ein schönes Haus, mit einem Gemüsefeld daneben und einem Blumenbeet davor, und beide wurden offensichtlich liebevoll gepflegt. Es war auf einen Blick zu sehen, dass Wohlstand und Glück an diesem Ort Einzug gehalten hatten.

Der Mönch klopfte an die Tür, und ein Mann öffnete ihm. Er war zwar einfach, aber ordentlich gekleidet.

»Wissen Sie, was aus der Familie geworden ist, die hier früher einmal gewohnt hat? Haben Sie den Leuten das Haus abgekauft, weil sie kurz vor dem Verhungern waren?«, fragte er.

Der Mann schaute ihn fragend an. »Ich habe doch mein ganzes Leben hier gelebt«, sagte er.

Da sagte ihm der Mönch, dass er vor Jahren mit seinem Lehrer eine Nacht hier verbracht habe, und wieder fragte er: »Was ist mit der Familie danach geschehen?«

Daraufhin lud der Mann den Mönch ein, abermals eine Nacht bei ihm zu verbringen. Er tischte ihm ein Essen auf, und als hätte er auf diese Gelegenheit gewartet, fing er zu erzählen an.

»Alles, was wir damals besaßen, war eine abgemagerte Kuh. Sie bewahrte uns vor dem Hungertod, und wir sahen keine Möglichkeit, uns aus der Not zu befreien. Eines Tages aber stürzte sie von der Klippe und starb. Nun mussten wir etwas tun, wenn wir überleben wollten. Wir lernten, wie man einen Acker bestellt, und wir pflanzten Kräuter und setzten Bäume auf dem brachliegenden Feld. Wir mussten ja irgendeinen Weg finden, und wir fanden ihn auch. Letztlich erwies sich der Verlust der Kuh für uns als ein großes Glück. Unser Leben ist so viel besser und sinnvoller geworden.«

Einen Moment lang schloss der Mönch die Augen. Sein Lehrer hatte es gewusst! Er hatte erkannt, dass wir unser altes Leben nur dann hinter uns lassen können, wenn die erbärmlichen Abhängigkeiten beseitigt sind, die uns hindern, Neues zu wagen und uns auf Abenteuer einzulassen.

Solange wir uns an Sicherheiten klammern, stößt uns das Leben eine Klippe hinab. Reißt uns eine Woge des Schicksals zu

Boden, ist es an der Zeit, ein neues Leben anzufangen. Verlust und Abschied haben immer einen Sinn. Gott schreibt mit geschwungener Schrift eine gerade Botschaft.

Welche Kuh habe ich, die ich von der Klippe stoßen sollte? Wie heißt sie? Wovon bin ich abhängig? Was ist so bequem und vertraut, dass es mich festhält und hindert, im Leben voranzuschreiten? Uns diese Fragen zu stellen ist Teil der Lebenskunst. Wir müssen uns von unserer Kuh trennen, um unseren Horizont zu weiten und uns zu befreien.

Um es mit der buddhistischen Weisheitslehrerin Pema Chödrön zu sagen: »Bauen wir auf Sicherheit und Gewissheit, haben wir uns den falschen Planeten ausgesucht.«

ALLES LEBENDIGE EMPFINDET SCHMERZ

Jeder Mensch, dem wir begegnen, hat seine Verletzungen, von denen wir nichts wissen. Gehen wir also freundlich miteinander um und fällen wir keine willkürlichen Urteile über andere. Jeder reist auf seine eigene Art durchs Leben.

In den muslimischen Kulturen in Pakistan und Teilen Indiens, deren Amtssprache Urdu ist, grüßt man sich mit *»Kya haal hai?«*, was so viel bedeutet wie: »Wie ist es um dein ›haal‹ bestellt?«, den »Zustand deines Herzens«. Es ist eine Frage von Mensch zu Mensch, die Frage danach, ob der andere Freude im Herzen trägt und wie lebendig seine Seele ist. Es geht nicht darum, wie viel er verdient oder wie viel beschäftigt er ist.

In einer kleinen Gasse in der nordindischen Stadt Varanasi gibt es ein Teehaus, in dem ich einen Stammplatz habe. Es ist klein und sehr bescheiden, aber weil dort ein guter *Chai* serviert wird, ist es sowohl bei Einheimischen als auch bei Ausländern sehr beliebt. Ein Mann betreibt es gemeinsam mit seinem zwei Jahre jüngeren Bruder, der ein hervorragender Maler ist und eigentlich Künstler werden wollte.

An einem Morgen saß ich auf einem der Holzstühle im

hinteren Bereich des Teehauses und blätterte in der Zeitung, als ich einen Einheimischen vor der Tür stehen sah. Es war auf einen Blick zu erkennen, dass er nicht zum Teetrinken gekommen war. Er war ärmlich gekleidet und machte keinerlei Anstalten, die Stufen am Eingang hochzusteigen. Er stand einfach da und schaute in den Gastraum hinein. Er schien auch nicht betteln zu wollen.

Er stand einfach da. Die Gasse vor dem Lokal war kaum mehr als einen Meter breit, und er verstellte den Passanten und Motorrädern den Weg, aber das schien ihm nichts auszumachen. Er verharrte reglos auf seinem Platz und starrte in das Teehaus hinein. Es bestand kein Zweifel, dass die anderen Gäste, die ich fast alle kannte, ihn für geisteskrank hielten. Auch ich konnte mich dieses Gefühls kaum erwehren, obwohl ich den Mann noch nie gesehen hatte.

Über eine Woche erschien er jeden Morgen gegen acht vor der Tür, ließ sich von den Passanten hin und her schubsen – von den Kindern, die um diese Zeit zur Schule gingen, den Pilgern, die auf dem Weg zum Ganges waren, dem beleibten Ladenbesitzer, der sein Geschäft aufschließen ging und der dicken Frau, die zum Gemüsemarkt wollte. Wie angewurzelt stand er da und starrte unverwandt in den Gastraum. Er wirkte hungrig, und in seinem eigentümlich verschleierten Blick lag eine tiefe Sehnsucht.

Irgendwann konnte ich nicht anders. Ich legte meine Zeitung beiseite und sprach ihn an: »*Kya haal hai!*«

»*Kya haal hai!*«, gab er zurück.

Ich fragte ihn auf Hindi, wie sein Name sei und woher er komme. Zu meiner Überraschung antwortete er auf Englisch, was bedeutete, dass er eine einigermaßen gute Schulbildung haben musste. Er war nicht aus diesem Viertel, sondern aus einem anderen Stadtteil.

Ich bot ihm einen Chai an und fragte ihn, warum er täglich hier stünde. Mit schmutzigen Händen umfasste er das heiße Glas und deutete mit dem Kinn in den Gastraum. Ich folgte seinem Blick, sah aber nicht, was er meinte, und schaute ihn fragend an. Er deutete mit dem Finger auf die Wand gegenüber dem Eingang. Erst jetzt entdeckte ich das Bild, das dort hing.

Es war ein kleines, gerahmtes Aquarell in einem Rahmen und eigentlich nichts Besonderes. Der jüngere Bruder des Teehausbesitzers hatte es gemalt. Ich hatte es mir nie genauer angesehen, obwohl ich oft genug in dem Raum gewesen war. In zarten Blau- und Brauntönen bildete es in feinem Pinselstrich eine Frau im Sari ab, die mit beiden Armen ein Kind in die Höhe hebt und liebevoll zu ihm aufschaut. Bei der Betrachtung des Bildes füllten sich die Augen des Mannes mit Tränen. Darum hatte sein Blick so verschleiert gewirkt.

Er rührte seinen Tee kaum an. »Auch ich hatte eine Frau und ein Kind wie auf dem Bild«, sagte er leise. »Hatte.« Im Jahr zuvor waren die beiden bei einem Autounfall ums Leben gekommen. Der Schock war so groß, dass er seither ziellos umherwanderte. Durch Zufall entdeckte er dabei dieses Bild, und von da an kam er jeden Tag hierher und starrte es stundenlang mit Tränen in den Augen an – das Bild seiner Frau, wie sie ihrer beider Kind in die Luft hebt und liebevoll zu ihm aufschaut …

Alles Lebendige empfindet Schmerz. Es heißt, Leid würde zum Heilmittel, sobald es eine bestimmte Grenze übersteigt. Wo verläuft diese Grenze? Vielleicht glauben wir nicht an die Existenz Gottes und stützen uns trotzdem auf ihn?

Ein Jahr verging, bis ich das nächste Mal nach Varanasi kam. Jedes Mal, wenn ich im Teehaus war, hielt ich nach dem Mann Ausschau, aber er kam nicht. Nach einigen Tagen fragte ich den Wirt und seinen Bruder und auch die Gäste nach ihm, aber keiner konnte mir Auskunft geben. Nur das Bild hing wie immer an der Wand.

Im Lieblingslied meines indischen Freunds Sansai gibt es eine Zeile, die lautet: *»Duniya me kitna gham hai, mera gham kitna kam hai.«* – »Wie zahlreich sind die Schmerzen in der Welt, wie klein ist mein eigener Schmerz.« Erfährt man vom Leid anderer, kommt einem das eigene plötzlich ganz klein vor.

Demeter, in der griechischen Mythologie die Göttin des Getreides, war außerstande, ihr Werk zu tun und das Korn wachsen zu lassen. Hades, der Gott der Unterwelt, hatte ihre Tochter Persephone entführt, und sie konnte nicht aufhören zu weinen. Auf der ganzen Erde herrschte deshalb Dürre. Auch Gott Rama in der indischen Mythologie weinte bitterlich, nachdem seine Frau entführt worden war. Erkennen wir, dass niemand auf der Welt frei von Schmerz und Leid ist, nicht einmal die Götter, können wir auf Glück und Unglück so maßvoll reagieren, dass nicht unser ganzes Leben aus den Fugen gerät. Andernfalls wären wir wie ein Baum, der noch bebt, nachdem sich der Taifun längst verzogen hat.

Rein äußerlich wirkt jeder unbeschwert, bis wir erfahren, was ihm im Leben widerfahren ist. Hierzu eine Fabel aus dem Sufismus.

Ein Mann betete jede Nacht zu Gott: »Erfülle mir bitte einen einzigen Wunsch. Ich bin der unglücklichste Mensch auf der Welt. Jeder hat ein besseres Leben als ich. Ich wünsche mir keinen Segen, ich will mein Leben mit dem eines anderen tauschen! Ist das etwa zu viel verlangt?«

Nacht für Nacht schrie der Mann diese Worte hinaus, sodass Gott keinen Frieden finden konnte. Eines späten Abends schließlich sprach eine donnernde Stimme vom Himmel herab zu den Menschen: »Schlagt alles, was ihr je an Unglück erlebt habt, in ein Tuch und tragt es in den Hof des Tempels.«

Aus dem Schlaf gerissen, fingen die Menschen an, all ihre leidvollen Erfahrungen in ein Tuch zu schnüren.

»Endlich bekomme ich Gelegenheit, mir ein anderes Leben auszusuchen!«, dachte der Mann, als er sich sein Bündel schnappte, und eilte frohen Herzens zum Tempel. Unterwegs begegnete er anderen, die auch ihre Bündel trugen, bloß waren die viel größer als seins. Es gab Leute, die er nur lächelnd kannte und die gut gekleidet waren – und nun mussten sie sich ihr Bündel über die Schulter werfen, um es überhaupt tragen zu können. Je näher der Mann dem Tempel kam, desto beunruhigter war er. Am liebsten wäre er nach Hause gegangen! Zögernd betrat er den Tempel, schließlich war er es gewesen, der sein Leben lang um diesen Moment gefleht hatte.

»Schnürt eure Bündel auf«, kam dröhnend der Befehl von oben.

Alle gehorchten, und wieder kam die Stimme: »Nun schaut euch genau an, was die anderen in ihrem Bündel haben, und dann wählt die Last aus, die ihr behalten wollt.«

Und nun geschah etwas Erstaunliches. Zunächst liefen alle durcheinander und schauten sich das Leid und die Schmerzen der anderen an, aber kaum hatten sie es gesehen, rannten sie zu ihrem eigenen Bündel zurück und hielten es fest. Dem Mann erging es ebenso. Wie schnell griff er nach seinem eigenen Bündel aus Angst, dass es ihm ein anderer wegschnappen könnte! Welch großes Leid ihm im Leben eines anderen beschieden würde, wusste er nicht, aber an sein eigenes Unglück hatte er sich gewöhnt. Sein Klagegebet war ein für alle Mal verstummt.

Wer kann schon sagen, ob etwas für unser Leben insgesamt gut oder schlecht ist? Geraten wir in eine Sackgasse, kann dies eine Botschaft sein. Könnten wir unser Leben als Ganzes überblicken, könnten wir dann sehen, dass sich ein Hindernis, das sich uns jetzt in den Weg stellt, am Ende als Sprungbrett erweist? Vielleicht sind wir in diese Situation geraten, weil wir einen Weg

2

beschritten haben, den wir tief im Inneren gar nicht hatten gehen wollen? Das Leben scheint uns hin und wieder auf Pfade zu führen, die zwar nicht Teil unseres Plans sind, aber nach denen unser Herz sich sehnt. Für den Kopf mag das nicht nachvollziehbar sein, für unser Herz aber schon.

WER KANN SCHON SAGEN, OB ETWAS FÜR UNSER LEBEN INSGESAMT GUT ODER SCHLECHT IST?

Ich stand kurz vor dem Abschluss meines Studiums und wusste nicht, wie es danach weitergehen sollte, als ein Freund mit den Bewerbungsunterlagen für eine Journalistenstelle bei einer Tageszeitung vorbeikam. Er schlug vor, wir sollten uns gemeinsam darauf bewerben. Würde es klappen, könnten wir vielleicht als Auslandskorrespondenten arbeiten. Dieses Wort genügte, um mich zu überzeugen. Wir füllten also alles aus und scherzten dabei, dass wir mit ein bisschen Glück bald in den Himalaya gehen und ein Interview mit einem Heiligen führen würden, und so gelang es uns wie so oft, unsere Angst vor der Zukunft hinter der Fassade des Humors zu verstecken.

Der schriftliche Einstellungstest sollte zehn Tage darauf in den Räumen der Kookmin-Universität stattfinden, und noch heute denke ich jedes Mal daran, wenn ich an dem Gebäude vorbeikomme. Ich verbrachte schlaflose Nächte in meinem muffigen Untermietzimmer, um mich auf die Prüfung vorzubereiten. Während ich meine Arbeitsblätter durchging, redete ich mir ein, dass es keinen Themenbereich gäbe, den ich nicht ausreichend beherrschte. Endlich war der große Tag gekommen. Es war ein Sonntag. Früher als nötig traf ich mit pochendem Herzen an der Universität ein. Im Gebäude herrschte verdächtige Stille. Ich folgte den Pfeilen zum Prüfungsraum, doch der war leer.

Ich ging zum Eingang und fragte beim Pförtner nach. Er musterte mich misstrauisch. Mit meinen langen Haaren sah ich wie John Lennon aus. »Die Prüfung war gestern«, erklärte er mir. Ich hatte mich im Datum geirrt! Ich konnte es kaum fassen. Um den Blick des Pförtners nicht länger ertragen zu müssen, floh ich in eine Kneipe gegenüber der Uni und fing an, mich ganz allein frühmorgens zu betrinken. Dabei verfluchte ich den Himmel, der mich zu einem Dasein am Rande der Gesellschaft verurteilt hatte.

Ich konnte mich des Gedankens nicht erwehren, dass mir mein Lebensweg bereits versperrt worden war, noch bevor ich ihn betreten hatte. Irgendwann an jenem Tag schleppte ich mich torkelnd die etwa sieben Kilometer von der Uni zum buddhistischen Tempel von Chogye und streckte mich in der Gebetshalle der Länge nach auf dem Boden aus, als würde ich zum Buddha beten. Bevor ich einschlief, kam mir der Gedanke: Das ist eine Botschaft! Ich soll nicht Journalist werden, sondern etwas anderes machen. Ich soll zwar auf der Welt leben, aber nicht von der Welt sein. Weil ich mich im Datum geirrt hatte, entging mir zwar die Chance auf ein Interview mit einem Heiligen, aber die Reise in den Himalaya, von der ich mit meinem Freund im Scherz geträumt hatte, wurde später Wirklichkeit.

Könnten wir unser Leben als Ganzes überblicken, könnten wir dann sehen, dass sich ein Hindernis, das sich uns jetzt in den Weg stellt, am Ende als Sprungbrett erweist? Würden wir erkennen, dass genau darin die Chance unseres Lebens liegt? Nicht der Weg, den wir hinter uns haben, sondern der, der vor uns liegt, lässt unser Herz höherschlagen.

Ein Mann bewarb sich als Putzkraft bei einer Reinigungsfirma, und als der Chef verlangte, er solle ihm zeigen, wie er Böden reinigte, ließ er sich nicht zweimal bitten. Der Chef war hochzufrieden mit dem, was er sah.

»Sie kriegen die Stelle! Bitte geben Sie mir Ihre E-Mail-Adresse, damit ich Ihnen den Arbeitsvertrag, die Arbeitsplatzbeschreibung und alle weiteren Details zukommen lassen kann.«

»Ich besitze weder Computer noch eine E-Mail-Adresse«, antwortete der Mann.

»Wenn man keine E-Mail-Adresse hat, ist das fast so, als würde man nicht existieren. Es tut mir leid, aber ich kann niemanden einstellen, der nicht existiert«, entgegnete der Chef.

Am Boden zerstört trat der Mann auf die Straße. Er wusste nicht, was er tun sollte. Er hatte nur noch zehn Dollar in der Tasche. Er überlegte eine Weile, dann ging er zu einem Großhändler für Obst und Gemüse und gab seine gesamte Barschaft für eine Kiste Tomaten aus. Er lief von Haus zu Haus und verkaufte sie, und in nicht einmal zwei Stunden hatte er seinen Einsatz verdoppelt. Er wiederholte dasselbe drei weitere Male, und als er am Abend nach Hause ging, hatte er achtzig Dollar in der Tasche.

Er erkannte, dass er sich seinen Lebensunterhalt auch auf diese Weise verdienen konnte. Von nun an verkaufte er täglich von frühmorgens bis spät in die Nacht hinein Tomaten, und jeden Tag verdoppelte oder verdreifachte er sein Vermögen. Es dauerte nicht lang, und er konnte sich einen Karren kaufen, und kurz darauf einen Lieferwagen. Bald besaß er mehrere Fahrzeuge, und innerhalb von fünf Jahren war er Geschäftsführer seines eigenen Lebensmittelgroßhandels.

Irgendwann beschloss er, für sich und seine Familie eine Lebensversicherung abzuschließen und suchte einen Makler auf. Am Ende der Beratung fragte ihn dieser nach seiner E-Mail-Adresse.

»Ich habe keine E-Mail-Adresse«, gab er zurück.

Der Vertreter starrte ihn fassungslos an. »Wie haben Sie es ohne E-Mail-Adresse so weit gebracht? Was wäre wohl aus Ihnen geworden, wenn Sie eine gehabt hätten?«

Nach kurzem Überlegen antwortete der Mann: »Wahrscheinlich wäre ich jetzt Putzkraft.«

Wer kann schon sagen, ob etwas für unser Leben insgesamt gut oder schlecht ist? Geraten wir in eine Sackgasse, kann dies eine Botschaft sein. Könnten wir unser Leben als Ganzes überblicken, könnten wir dann sehen, dass sich ein Hindernis, das sich uns jetzt in den Weg stellt, am Ende als Sprungbrett erweist? Vielleicht sind wir in diese Situation geraten, weil wir einen Weg beschritten haben, den wir tief im Inneren gar nicht hatten gehen wollen? Das Leben scheint uns hin und wieder auf Pfade zu führen, die zwar nicht Teil unseres Plans sind, aber nach denen unser Herz sich sehnt. Für den Kopf mag das nicht nachvollziehbar sein, für unser Herz aber schon.

WARUM GIBST DU MIR NUR DAS?

Ein Mann begab sich auf eine Wanderung durch die algerische Wüste, und er verlief sich. Obwohl er die Himmelsrichtungen nicht mehr auseinanderhalten konnte, nahm er alle Kraft zusammen, um weiterzulaufen. Er musste Wasser und etwas Essbares finden! Unter der sengenden Sonne irrte er mehrere Tage umher, bis er schließlich in der Ferne ein Zelt entdeckte. Mit zitternden Knien schleppte er sich mühsam näher, und als er endlich dort angelangt war, flehte er um Wasser und etwas zu essen.

Der Schafhirte, der vor das Zelt getreten war, trug die traditionelle Kleidung und den Turban der Beduinen.

»Ich bedauere. Wasser und Nahrung kann ich dir nicht geben. Aber eine Krawatte kannst du haben.«

»Ich bin am Verdursten und Verhungern, und du willst mir eine Krawatte geben? In der Wüste?« Der verirrte Wanderer traute seinen Ohren kaum.

»Diese Krawatte ist alles, was ich dir geben kann. Ich selbst habe weder Wasser noch Nahrung, aber ich weiß, wo man dir helfen kann. Der Ort liegt nur zwei Kilometer entfernt von hier, aber um dort Wasser und Nahrung zu bekommen, brauchst du diese Krawatte«, erwiderte der Schafhirte höflich.

»Willst du mich auf den Arm nehmen?«, schrie der Wanderer wütend. »Was soll das heißen – eine Krawatte? Mann, ich bin kurz vor dem Verhungern und Verdursten!«

Er schleuderte die Krawatte auf den Boden und schleppte sich mit letzter Kraft die zwei Kilometer bis zum nächsten Zelt. Dort angekommen, flehte er wieder: »Gebt mir Wasser und etwas zu essen.«

Auch dieses Mal trat ein Beduine aus dem Zelt. Allerdings trug er nicht die typische Tracht der Einheimischen, sondern einen westlichen schwarzen Anzug, darunter ein weißes, frisch gebügeltes Hemd und eine schwarze Fliege. Der Wanderer starrte ihn überrascht an.

»Ohne Krawatte darf hier keiner rein«, sagte der Mann im Anzug.

»Ich bin am Verdursten und Verhungern. Wenn Sie mir nicht helfen, werde ich sterben.«

»Ohne Krawatte kann ich leider nichts für Sie tun. So lautet nun einmal die Regel hier in meinem Zelt. Ich habe allen Schafhirten im Umkreis von zwei Kilometern die Anweisung erteilt, jedem Wanderer, der wie Sie halb verdurstet und verhungert durch die Gegend irrt, eine Krawatte zu geben, bevor sie ihn zu mir schicken. Hätten Sie die Krawatte angenommen, die Ihnen mein Nachbar geben wollte, hätte ich Sie längst hereingebeten. Haben Sie aber nicht, und darum gibt es jetzt nichts. Daran ist nicht zu rütteln.«

Wir wollen stets auf möglichst direktem Weg ans Ziel, doch wenn da keine Zwischenstationen wären – wie könnte sich uns die ganze Schönheit des Weges erschließen? Jeder Künstler muss unzählige Werke erschaffen, um in seinem Fach ernst genommen zu werden, so wie jeder Vogel zunächst unbeholfen mit den Flügeln flattert, bevor er sich irgendwann elegant in die Lüfte erhebt.

Mit Anfang zwanzig war ich einmal in Busan, einer Hafenstadt im Süden Koreas. Die Nächte verbrachte ich im Park oder auf dem Platz vor dem Bahnhof, aber weil ich auch essen musste, brauchte ich einen Job. Als ich an einem Strommast einen Zettel mit einem passend erscheinenden Angebot entdeckte, machte ich mich auf den Weg zu der angegebenen Adresse. Es handelte sich um ein Geschäft für Mottenkugeln. Meine Arbeit bestand darin, mit einer bis zum Rand mit Ware gefüllten Umhängetasche von Haus zu Haus zu gehen und das giftige Zeug zu verkaufen.

Der penetrante Gestank bereitete mir große Probleme. Schon als Kind verfügte ich über einen derart sensiblen Geruchssinn, dass ich allein vom Geruch roher Sardinen einen Krampfanfall bekommen hatte. Es stand zu befürchten, dass ich vom Gestank der Mottenkugeln eher den Geist aufgeben würde als die Motten. Ich hatte kaum mehr als ein paar Tüten verkauft, als ich beschloss, mir eine andere Arbeit zu suchen. Wann immer ich Mottenkugeln rieche, sehe ich mich noch heute halb betäubt von dem üblen Geruch durch die Gassen von Busan wanken.

Als nächstes heuerte ich als Eisverkäufer an. Es gehörte mit zur Jobbeschreibung, einen bunten Partyhut zu tragen. Sie können sich unschwer ausmalen, wie ich mich fühlte, als ich, der langhaarige Literaturstudent, mit dieser lächerlichen Kopfbedeckung an meinem Stand im Stadtzentrum stand und mich ein ortsansässiger Literat im Vorübergehen erkannte …

Etwas Gutes hatte das Ganze: Ich durfte auf dem Rasen neben dem kleinen Blumenbeet vor dem Bahnhof mein Nachtlager aufschlagen. Dieses Privileg hatte ich einem Polizisten zu verdanken, der ein Auge zudrückte, nachdem sich bei einer Routinekontrolle am Bahnhof Busanjin herausstellte, dass wir beide dieselbe Uni besucht hatten. Er hielt mir auch die anderen Obdachlosen vom Hals, damit ich in Ruhe schreiben konnte – bloß die Verzweiflung bannte er nicht, die mich jedes Mal befiel, wenn ich die Ratten auf dem Rasen heranschleichen sah.

»Wer ist Gott, und warum ist er so unbarmherzig zu mir? Auf welcher Seite des Schicksalbuchs steht geschrieben, dass ich dies alles erleiden muss? Hat etwa jemand die restlichen Seiten herausgerissen, sodass mein Leben genauso endet?« Das waren die Fragen, die ich mir damals stellte.

Der persische Dichter Rumi schrieb:

Die Welt ist voller Schwierigkeiten.
Durchschreite sie geduldig,
und du wirst einen großen Schatz finden.
Dein Haus ist klein, schau hinein
und es offenbart dir die Geheimnisse der unsichtbaren Welt.

Ich fragte:
»Warum gibst du mir nur das?«
Eine Stimme antwortete:
»Weil nur das dich zu dem führt, was du haben willst.«

Wir rufen Gott und dem Leben zu: »Warum gibst Du mir nur das?« Und eine Stimme aus dem Off antwortet leise: »Weil nur das dich zu dem führt, was du haben willst.« Hören wir ihr Flüstern nicht, vergeuden wir unsere Zeit damit, im Inneren unsinnige Streitgespräche mit der Welt zu führen.

An einem regnerischen Tag wollte ein junger Mann aus Los Angeles nach San Francisco trampen. Er stand viele Stunden in der Nässe am Straßenrand, aber alle Autos, die vorbeikamen, fuhren in die andere Richtung. Schließlich betete er zu Gott: »Lieber Gott, hilf mir bitte, nach San Francisco zu kommen!«

Als Gott ihn so inbrünstig beten hörte, schickte er ihm eilig einen Wagen vorbei, der in seine Richtung fuhr. Der Fahrer hielt, und der junge Mann erklärte ihm, wohin er wolle.

»Das passt super«, sagte der Fahrer. »Dann kann ich Sie bis Monterey mitnehmen.«

Der junge Mann schüttelte den Kopf. »Ich will nicht nach Monterey, ich will nach San Francisco.«

Auch als der Fahrer ihm erklärte, dass es von Monterey nach San Francisco nur ein Katzensprung sei und sich dort leicht jemand finden ließe, der ihn mitnehmen würde, lehnte der junge Mann ab. Der Fahrer fuhr ohne ihn los und ließ ihn im Regen stehen. Und selbst Gott konnte ihm nicht helfen.

DIE KUNST, WUNDER ZU WIRKEN

Im Englischen ist ein »Writer« jemand, der schreibt, und ein »Waiter« – wörtlich übersetzt – einer, der wartet. Beides trifft auf mich zu. Dass ein Schriftsteller, der auf den optimalen Moment zum Schreiben wartet, womöglich bis an sein Lebensende keine einzige Zeile zu Papier zu bringen vermag – auch in diesem Satz finde ich mich wieder.

Früher schrieb ich meistens nachts, aber inzwischen bin ich dazu übergegangen, mich in den frühen Morgenstunden an den Schreibtisch zu setzen. Ich stehe um halb sechs auf, meditiere zwanzig Minuten und schreibe beziehungsweise übersetze bis nachmittags um drei. Ich bin alles andere als ein begnadeter Schriftsteller oder Übersetzer, und so kostet mich meine Arbeit viel Mühe. Es gibt Tage, an denen ich mit dem ersten Satz hadere oder einen ganzen Vormittag vergeblich an einem einzigen Absatz feile. Um es mit dem Reise-Essayisten Pico Iyer zu sagen: »Schreiben ist letztendlich die eigenartigste aller Anomalien: ein vertraulicher Brief an einen Fremden.«

Selbst auf Reisen behalte ich meine Routine bei. Wie oft habe ich am frühen Morgen schreibend im Zug gesessen; oder bei

Sonnenaufgang auf den Stufen am Ganges; oder, leise vor mich hin murmelnd, auf dem Beifahrersitz eines Lastwagens auf einer Fahrt durch den Himalaya – sehr zum Befremden des Fahrers. Hätte ich auf Inspiration gewartet, wäre es mir unmöglich gewesen, auch nur eine einzige Geschichte zu erzählen. Inspiration bedeutet für mich nichts anderes, als Tag für Tag einfach weiterzuschreiben. Zu erleben, dass mir ein fantastischer Stoff einfach so in den Schoß fällt – dieses Glück weicht mir hartnäckig aus. Ich kann mich des Verdachts nicht erwehren, dass der Gott des Schreibens einen Bogen um mein Arbeitszimmer macht und lieber zu anderen Autoren geht. Hätte ich all die Haare behalten, die ich mir im Laufe der Jahre ausgerauft habe, weil mir der nächste Satz nicht einfallen mochte – mein Haar wäre wesentlich dichter.

Ein Marathonläufer läuft nicht, weil ihm das Laufen besonders leichtfällt; es ist denkbar, dass ich nie Schriftsteller geworden wäre, wenn mir die Worte mühelos aus der Feder geflossen wären. Paradoxerweise schreibe ich, weil es so schwierig für mich ist. Mit Fug und Recht könnte man mich fragen, warum ich nicht aufhöre, wo ich mich doch so sehr damit quäle. Aber was sollte ich dann tun? Denn zu schreiben ist etwas, das ich tun kann, solange ich noch einen Funken Fantasie habe.

Einmal antwortete Mark Twain, der Erfinder von Tom Sawyer und Huckleberry Finn, auf die Frage, was es braucht, um so gut schreiben zu können: »Ich habe fünfzehn Jahre gebraucht, um zu begreifen, dass ich kein Talent zum Schreiben habe. Aber ich konnte es einfach nicht lassen. Ich musste weiterschreiben. Denn als ich merkte, dass mir jegliches Talent abgeht, war ich als Schriftsteller bereits zu Weltruhm gelangt.«

Haruki Murakami beichtet: »Wie viele Bücher ich auch schreibe, ich erreiche nie mein Ziel. Das gilt auch heute noch, nach mehreren Jahrzehnten.«

Ich rede hier nicht von der Notwendigkeit, mich anzustrengen. Womit ich mich gerade abmühe, ist, von »Berufung« zu schreiben – der Aufgabe nachzugehen, die uns das Herz diktiert. Alles im Leben ist genauso schwer, wie Mönch zu werden, es sei denn, man betreibt es nur als Hobby. Auch das Schreiben ist kein bloßes Produkt der Fantasie. Es ist der Versuch, mich der Wahrheit zu nähern, die ich als Schreibender tief in meinem Inneren spüre. Diesen Teil von mir gilt es ans Licht zu bringen.

Der indische Meister der Bambusflöte Hariprasad Chaurasia wurde bereits im Alter von knapp fünfzig Jahren als lebende Legende gefeiert. Heute ist er achtzig, und keiner kann ihm auf seinem Instrument das Wasser reichen. Seit fast zwanzig Jahren fliege ich jedes Jahr nach Indien, um ihn spielen zu hören. Einmal traf ich ihn bei einem Musikfest in Delhi und fragte ihn, ob es nicht höchste Zeit für ihn sei, nach Korea zu kommen. Er sagte sofort zu, und noch im Oktober desselben Jahres spielte er in Seoul und Busan.

Als ich ihn in Korea morgens in seinem Hotel aufsuchte, traf ich ihn beim Üben an. Er hatte ein Leben lang Bambusflöte gespielt, in Anerkennung seines künstlerischen Verdiensts von der indischen Regierung einen Diplomatenpass und von Frankreich einen Kulturorden verliehen bekommen. Und doch übte der

Meister seines Instruments unermüdlich für ein Konzert von bloß vierzig Minuten, obwohl er den langen Flug von Mumbai über Delhi nach Seoul hinter sich hatte. Ich mochte ihm noch so sehr ans Herz legen, sich doch lieber auszuruhen, meine Worte zählten nicht.

Im letzten Februar gab Hariprasad Chaurasia am Indian Institute of Technology in Kharagpur ein Konzert, und ich durfte ihn begleiten. Am frühen Morgen brachen wir von Kalkutta auf und kamen erst nach Mittag in unserem Hotel an. Statt in Ruhe zu essen, begab er sich sofort auf sein Zimmer und fing zu üben an, und das, obwohl er am Vorabend in Kalkutta gespielt hatte.

Nachdem er seine Darbietung beendet hatte, blieb er, um Fragen aus dem Publikum zu beantworten.

»Sie sind ein großartiger Musiker. Können Sie uns sagen, welche Botschaft Sie das Leben gelehrt hat?«, fragte ein Professor, der am Institut Yoga und Meditation unterrichtete.

»Mich unaufhörlich anzustrengen«, antwortete der Meister. »Ich habe sehr früh meine Mutter verloren und schon als Kind musste ich mir jedes Stück Chapati erkämpfen. Zudem habe ich erst relativ spät die Musik für mich entdeckt. Ich war vorher Ringer gewesen, und um zu prüfen, ob es mir auch wirklich ernst war, ließ mich mein Lehrer die Bambusflöte nicht wie üblich auf der linken, sondern auf der rechten Seite spielen. Ich musste mich unendlich anstrengen, bis ich den Bogen heraushatte. Dieses Bemühen aber war notwendig, weil ich kein geborener Musiker bin. Schauen Sie mich an. Vor einigen Jahren habe ich mir bei einem Autounfall eine Schulterverletzung zugezogen. Bis heute kann ich meinen Arm nicht richtig bewegen. Dass ich mein Instrument überhaupt noch spielen kann, erfordert unentwegtes Üben. Mein koreanischer Freund, der mich hierher begleitet hat, sagt mir andauernd, dass ich mich ausruhen soll. Ich aber werde mich weiter anstrengen, um bis zu meinem letzten Atemzug Flöte spielen zu können. Das ist meine Berufung im Leben.«

Das Publikum bedankte sich bei ihm mit Standing Ovations. Wahrscheinlich hatte der Professor, der die Frage gestellt hatte, eine philosophische Antwort erwartet – irgendetwas in der Richtung von »innerem Frieden«. Es war die ehrliche und tief empfundene Antwort des Meisters, die das Publikum so begeistert applaudieren ließ.

Wie schon gesagt, bin ich alles andere als ein begnadeter Schriftsteller und mir deshalb nicht sicher, ob ich das Thema, das mir vorschwebt, auch einigermaßen verständlich vermitteln konnte. Aber ich habe mich sehr bemüht. Wie jemand einmal sagte, ist ein wahrer Schriftsteller einer, der einfach weiterschreibt. Es ist ein Segen, etwas zu haben, mit dem man sich im Leben befassen möchte. Was es auch sein mag, es stellt auf jeden Fall eine Bereicherung dar. Sie und ich, wir sind alle keine Genies. Deshalb müssen wir üben, üben und nochmals üben, wollen wir Wunder bewirken.

HINDI-UNTERRICHT

Auf meinen Reisen durch Indien schnappte ich einiges von der Sprache auf. Ich konnte eine einfache Begrüßung, und die paar Sätze, die ich zum Feilschen brauchte, kannte ich sowieso. Irgendwann aber war es so weit, dass ich richtig Hindi lernen wollte. (Zum Glück ist die Wortstellung in Hindi und Koreanisch ähnlich, was mir sehr zugutekommt). Wer mein Lehrer sein sollte, stand von Anfang an fest: mein hochgeschätzter Freund Sunil. Er ließ keine Gelegenheit aus, uns Mitmenschen an seinem umfangreichen Wissen über alles und jedes teilhaben zu lassen, was von dreitausend vor Christus bis heute in zehn Kilometern Umkreis geschehen war. Ich saß in einem Straßencafé, als ich Sunil daherstolzieren sah.

»*Sunil, ab kaise hai? Thik hai?*« (»Sunil, wie geht's? Alles klar?«), fragte ich und sagte dann auf Englisch, dass er mir Hindi beibringen solle.

Sunil erwiderte: »›Gut‹ *(Thik hai)* und ›nicht gut‹ *(Thik nahin hai)* kannst du schon. Was willst du mehr? Das reicht doch völlig aus.«

»Nein, bring mir Hindi richtig bei. Ich meine das im Ernst.«

Der erste Satz, den mich Sunil nach längerem Bitten gnädigerweise lehrte und den ich nach all der Zeit nie vergessen habe und nie vergessen werde, ist dieser: »Ich bin heute sehr glücklich.« Da er der einzige war, den ich wusste, blieb mir nichts anderes übrig, als ihn tagelang zu wiederholen. Sunil war nämlich, kaum hatte er ihn mir beigebracht, irgendwo im Umkreis von zehn Kilometern verschwunden. Dabei hatte er mir hoch und heilig versprochen, mir täglich einen neuen Satz aufzugeben.

Mein Satz übte eine unerwartete Wirkung auf mich aus. Kaum, dass ich ihn aussprach, rieselte eine Art Glückseligkeits-Masala auf mich nieder, ob ich nun auf der Straße in einen Kuhfladen trat, mir in einem Restaurant ein mehr als fragwürdiges Essen serviert oder ich von einem überaus freundlichen Obsthändler über den Tisch gezogen wurde. »Ich bin heute sehr glücklich« wurde zu meinem Leitspruch gerade in Situationen, in denen ich mich schlecht behandelt und vom Pech verfolgt fühlte.

Mag sein, dass die Einheimischen, wenn sie mich meinen Satz aufsagen hörten, mich für gestört hielten; andererseits erwies er sich als probates Mittel, um einen Kerl abzuschütteln, der mir auf Schritt und Tritt folgte, um mich zu einem Geldwechsler oder in irgendeinen Souvenirladen zu locken. Wann immer er auftauchte, schielte ich ihn mit verdrehten Augen an und rief: »Ich bin heute sehr glücklich!«, woraufhin er jedes Mal erschrocken die Flucht ergriff. Rückblickend war der Satz »Ich bin heute sehr glücklich« beim Erlernen von Hindi für mich ein echter Meilenstein.

Mehrere Tage waren vergangen, als Sunil so plötzlich vor mir im Straßencafé stand, als wäre er vom Himmel gefallen. Ohne seine Abwesenheit auch nur mit einem Wort zu erklären oder mich zu begrüßen, gab er mir meinen zweiten Satz auf: »Es weht ein herrliches Lüftchen.«

Noch bevor ich mir klar werden konnte, ob Sunil diesen Satz einfach aus der Luft gegriffen hatte oder er wirklich, wie er standhaft behauptete, das Ergebnis mehrtägigen Grübelns war, fächelte vom Ganges eine sanfte Brise zu uns herüber, und ich sagte: »Es weht ein herrliches Lüftchen.« Wie wohltuend ich diesen Windhauch empfand! Ein weiterer wichtiger Meilenstein in meiner Wahrnehmung der Welt. Wind war plötzlich etwas Herrliches für mich, was ich nie zuvor so empfunden hatte. Er war für mich nichts als ein Begleiter des Regens gewesen und hatte mich völlig kaltgelassen.

Ob der Wind nun wehte oder nicht, ich sagte ständig meinen neuen Satz: »Es weht ein herrliches Lüftchen.« Manch einer, der ihn mich sagen hörte, hob den Kopf, um sich zu vergewissern, ob etwas an meiner Behauptung dran war, was mich beflügelte und ihn mich noch häufiger sagen ließ. Und er prägte noch auf andere Weise meine gesamte Reise, denn von nun an fügte ich allen meinen Sätzen das Wort »herrlich« hinzu.

»Ist das nicht ein herrlicher Baum!«

»Ein herrlicher Laden hat eben geöffnet!«

»Ein herrlicher Obststand mit so viel herrlichem Obst!«

»Da kommt der herrliche Sunil!«

»Ist es nicht herrlich hier?«

Mit einem Mal war alles herrlich für mich – alle Bäume und Läden, der Obsthändler, der mit seiner Waage schummelte, Sunil, der nicht gerade ein Ausbund an Attraktivität war, ja meine ganze Reise.

Seit ich das Wort kannte, begegnete es mir zudem im Alltag auf Schritt und Tritt, als hätte die Welt es soeben erfunden – ein Wort, das es immer gegeben hatte, bloß hatte ich es nie gehört. So betrachtet, war ich in vielerlei Hinsicht Analphabet gewesen. Ich war mit meiner Muttersprache aufgewachsen, und mein gesamtes Denken vollzog sich in ihr. Leider waren dabei viele Worte zu Floskeln verkommen, und wie immer, wenn das geschieht, geht etwas Kostbares verloren.

Aus der Psychologie wissen wir, dass nicht nur das Bewusste, sondern auch das Unbewusste Einfluss auf unsere Wortwahl nehmen, und die wiederum prägt unsere Sicht der Dinge. Verdrängen wir unsere Gefühle oder neigen wir zum Schwarzsehen, greifen wir eher zu negativen als positiven Formulierungen. Sind wir unbewusst traurig oder wütend, projizieren wir diese Emotionen nach außen.

Während ich meine neuen Hindi-Vokabeln schlecht aber umso lauter aussprach, konnte ich aus eigener Anschauung erleben, wie unsere Wortwahl im umgekehrten Sinn über unser Denken und Fühlen entscheidet und unsere Sicht auf die Dinge verändert. Ich sah, wie mein Verständnis und meine Wahrnehmung der Welt sich erweiterten, während sich meine Zunge an die fremde Sprache gewöhnte.

»Heute ist ein neuer Tag.«

»Ein neues Glück erwartet mich.«

»Mein Herz ist voll von neuer Hoffnung.«

»Heute sieht Sunil wie neu aus.«

Ist es denkbar, dass die Sprache Einfluss auf unseren Gemütszustand nimmt? Und zwar auch in unserer Muttersprache? Die Welt ist so, wie wir sie wahrnehmen. Nicht was wir sehen, sondern wie wir es sehen, nicht was wir hören, sondern wie wir es hören, und nicht was wir empfinden, sondern wie wir es empfinden, gestaltet unser Leben.

Der letzte Satz, den Sunil mir vor meiner Abreise beibrachte, war dieser: *»Mause Sunil bahut pasand hai.«* – »Ich habe Sunil sehr gern.«

MEIN LIEBLINGSSCHÜLER

Gelegentlich werde ich von Leuten gebeten, einen Meditationskurs anzubieten. Sie würden gern meine Schüler sein. Es würde jedoch keinerlei Sinn machen, weitere Schüler aufzunehmen, wo ich nicht einmal dem einzigen Schüler, den ich habe, etwas richtig beizubringen vermag. Das Schicksal hat uns zusammengeführt, und er geht seit vielen Jahren bei mir in die Schule, ohne dass er nennenswerte Fortschritte macht. Mal geht er in seiner Gedankenflut unter, mal taucht er wieder auf, und das immer und immer wieder. Habe ich das Gefühl, er würde endlich oben auf der Welle schwimmen, zieht es ihn sogleich in die Tiefe, und er rudert panisch mit den Armen. Ich frage mich ernsthaft, wie er das große Meer des Lebens durchqueren soll.

Ich habe meinen Schüler auf eigene Kosten mit nach Indien und in den Himalaya genommen, mit ihm die verschiedensten Meditationszentren besucht und ihn allen meinen Lehrern vorgestellt. Aber was er an Erkenntnissen gewonnen hat? Ja, ob er überhaupt etwas begriffen hat? Ich habe keine Ahnung! Er möchte unbedingt die Geheimnisse jenseits der ihm bekannten Welt ergründen, aber leider scheint ihm jegliches Talent für den zu gehenden Weg zu fehlen. Ich frage mich, wie um Himmels Willen ich ausgerechnet an diesen Schüler gekommen bin, wo ich doch ein derart spiritueller Mensch bin. Manchmal glaube ich, dass es etwas Karmisches sein muss.

Die größten Probleme hat mein Schüler damit, seine Gefühle zu steuern. Nicht er steuert sie, sie steuern ihn. Seine Gedanken haben ihn voll im Griff und zerren ihn selbst im Traum noch hin und her. Er hat ständig etwas anzuzweifeln und zu analysieren, und darum verschiebt er das Leben, das er eigentlich gerne leben würde, immer wieder auf später. Dennoch läuft nichts wie geplant, zumal seine Berechnungen mehr als lückenhaft sind. Wegen seines unablässigen Gedankenandrangs verpasst er, was wirklich wichtig ist. Darin ist er Weltmeister! Er hat zwar im Geist stets den Hammer und das Eisen in der Hand, um damit sein Glück zu schmieden, aber alles, was er schmiedet – kunstvoll, wohlbemerkt –, ist sein eigenes Leid. Er schafft es einfach nicht, Dinge, die er nicht ändern kann, loszulassen.

Ausgesprochen gut dagegen beherrscht er die Kunst, zwischen gut und schlecht zu unterscheiden; zwischen schön und hässlich, richtig und falsch, sympathisch und unsympathisch. Darin ist er Experte. Gäbe es einen Nobelpreis für das Beurteilen von Unterschieden, er hätte ihn längst bekommen. Ein Blick genügt, und er weiß, ob Baum oder Rose, Frau oder Mann, positiv oder negativ, interessant oder langweilig und so weiter. Während er andere nach ihren Taten beurteilt, zählt bei ihm selbst allein die Absicht, und für die gibt er sich gute Noten. Nicht selten bin ich versucht, ihm eine kräftige Kopfnuss zu geben. Er ist unmöglich!

Seine Fähigkeit, aus dem gegenwärtigen Augenblick zu flüchten, ist ebenfalls bemerkenswert. Er ist ungemein geübt darin, sich in Gedanken zu verlieren und das Hier und Jetzt zum reinen Hirngespinst zu machen. Er sitzt im Bus, ohne im Bus zu sein, und er läuft am Strand entlang, ohne am Strand zu sein. Es ist, als würde er die Welt durch ein verkehrt herum gehaltenes Fernglas betrachten.

Seine allergrößte Begabung aber liegt darin, sich mit Dingen zu identifizieren. Gedanken oder Emotionen macht er sich sekundenschnell zu eigen. Lob und Kritik bezieht er sofort auf sich, was ihn zuverlässig aus der Bahn wirft. Was auch immer mit dem menschlichen Körper geschehen mag – Geburt, Alter, Krankheit und Tod – ist nichts als eine physische Veränderung; er aber meint, es sei er selbst, der da geboren wird, altert, erkrankt oder stirbt. Er begreift nicht, dass der Mensch erst dann frei ist, wenn er nichts mehr persönlich nimmt, und so zappelt sein Geist wie ein Fisch auf dem Trockenen, wieder und immer wieder.

Ganz groß ist er darin, Probleme zu schaffen, wo keine sind, Glücksmomente zu vergessen und stattdessen ungute Erinnerungen wie einen Krug mit Honig aufzubewahren. Er übersieht, dass er selbst es ist, der das »schlechte Wetter« draußen in sich hineinholt und daraus einen »schlechten Tag« konstruiert. Auch missversteht er Glück als einen Zustand der völligen Abwesenheit von Unglück. Er akzeptiert nicht, dass es reines Glück ohne wenigstens ein Quäntchen Unglück nicht gibt, und dass die Kunst des Glücklichseins im liebevollen Annehmen des Unglücks besteht. Und so bleibt seine Suche nach dem Glück stets vergeblich.

»Werde ich glücklich, wenn ich mir dieses Essen gönne?«

»Werde ich glücklich, wenn ich x besitze oder ein Auto der Marke y fahre?«

»Werde ich glücklich, wenn dieser Mensch mich liebt?«

»Werde ich glücklich, wenn ich Experte im Meditieren werde oder perfekt Yoga beherrsche?«

Wenn ich sehe, dass er unermüdlich eine Leiter hinaufklettert, die an der falschen Wand lehnt, tut er mir regelrecht leid.

Trotzdem besteht selbst für ihn Hoffnung. War es nicht der Buddha selbst, der sagte: »Ich bin schwach, wirklich schwach, unbeschreiblich schwach«? Aus dieser Schwäche heraus trat er seine großartige, spirituelle Reise an und brachte sie zur Vollendung. Ich zweifle keinen Moment daran, dass die Schwäche meines Schülers das Potenzial grenzenloser Möglichkeiten birgt. Mit sich selbst und der eigenen Willensschwäche Schritt um Schritt voranzugehen ist die wertvollste Übung im Leben. Mein einziger und zugleich liebster Schüler ist, wie Sie inzwischen längst erkannt haben, mein eigener schwacher Geist.

C. G. JUNGS STEINERNER TURM

Mit 47 Jahren ließ sich C. G. Jung auf einem kleinen Grundstück in Bollingen am Zürichsee einen steinernen Rundturm bauen. Nach dem Bruch mit Freud, der ihn einmal als seinen Kronprinzen bezeichnet hatte, hatte er im Hinblick auf seine wissenschaftliche Arbeit und auch emotional die Orientierung verloren. Nachdem Freud ihm die Freundschaft aufgekündigt hatte, ließ er Freud wissen, dass ihm eine weitere Zusammenarbeit unmöglich sei, woraufhin ihm seine Freunde und Bekannten den Rücken kehrten und sein Buch zu »Schund« erklärten. Für ihn aber handelte es sich um eine Frage des Prinzips, und er stand für seine Überzeugung ein.

Der Bau des steinernen Turms markierte für Jung den Beginn eines neuen Lebens. Den zunächst schlichten Grundriss erweiterte er im Laufe der Jahre mehrfach, und es entstand peu à peu ein heiliger Raum, in dem er sein Inneres entfalten konnte - eine »Stätte geistiger Konzentration«. Hier fand er Ruhe und schöpfte Kraft. Er verbrachte mehrere Monate im Jahr an diesem Ort, meißelte Schriftzeichen ins Mauerwerk und malte Mandalas, die die spirituelle Erleuchtung symbolisieren. Gleichzeitig verfasste er

Schriften zu seiner Traumanalyse und arbeitete an seinen Ideen. In seinem steinernen Turm lebte er primitiv in einer Art Urzustand fernab der Zivilisation. Er verzichtete auf den Einbau von Holzfußböden und auf Teppiche und beließ den unebenen Steinboden wie er war. Er wollte so nah wie möglich an der Erde sein. Er machte alles selbst und holte sogar die Kartoffeln vom Acker.

»Auf Elektrizität verzichte ich. Ich schüre eigenhändig meinen Herd und Ofen. Abends zünde ich Petroleumlampen an. Es gibt auch kein fließendes Wasser, also pumpe ich von Hand. Ich hacke Holz und bereite mir mein Essen zu. Solche einfachen Tätigkeiten machen den Menschen einfach; und wie schwer ist es, einfach zu sein!«

Jung stand um sieben Uhr morgens auf und begrüßte Topf und Pfanne. Für die Zubereitung des Frühstücks, bestehend aus Kaffee, Brot, Wurst und Obst, nahm er sich reichlich Zeit. Jeden Vormittag schrieb er zwei Stunden lang. Die Nachmittage verbrachte er mit Malen oder Meditieren, Spaziergängen in die Umgebung und seiner Korrespondenz. Abends um zehn ging er zu Bett.

Der Turm war für Jung nicht einfach ein Ort, an den er sich von der Welt zurückziehen und zur Ruhe kommen, sondern ein Freiraum, in dem er sich auf seine Arbeit konzentrieren konnte. In dem extrem schlichten Bau entstand sein psychologisches Hauptwerk *Erinnerungen, Träume, Gedanken*. Unter der Woche behandelte er in seiner Praxis an der Universität Zürich zahlreiche Patienten, empfing Besucher und erledigte, was zu erledigen war. Am Wochenende aber kehrte er stets an den See zurück, wo er sich selbst den Haushalt führte und dem einfachen Leben frönte.

Abgesehen von seiner Indienreise, mit der er sich einen Traum erfüllte, und seiner Amerikareise, auf der er die Kultur der Pueblo-Indianer erforschte, sind die meisten seiner Werke in diesem Steinbau entstanden, den er schlicht den »Turm« nannte.

»Zuzeiten bin ich wie ausgebreitet in die Landschaft und in die Dinge, und lebe selber in jedem Baum, im Plätschern der Wellen, in den Wolken, den Tieren, die kommen und gehen, und in den Dingen. Es gibt nichts im Turm, was nicht im Laufe der Jahrzehnte geworden und gewachsen ist und mit dem ich nicht verbunden bin.«

Das lateinische Wort Refugium bedeutet »Zuflucht« und »Unterschlupf«. Ursprünglich gemeint ist damit ein Ort, an den sich Tiere und Pflanzen zurückziehen, wenn sie in ihrem Lebensraum nicht mehr überleben können, etwa beim Einsetzen einer Eiszeit. Es ist ein Ort, an dem man sich seine essenzielle Natur bewahrt. Als Zentrum seines friedlichen, schöpferischen Lebens stellte der Turm für Jung im wahrsten Sinn des Wortes ein Refugium dar. In hohem Alter sagte er im Rückblick auf die dort verbrachte Zeit, seine wissenschaftlichen Erfolge wären undenkbar gewesen, wenn er sich nicht regelmäßig in dieses einfache Leben zurückgezogen hätte.

»In Bollingen bin ich in meinem eigentlichsten Wesen, was mir entspricht. Hier bin ich sozusagen der ›uralte Sohn der Mutter‹.«

Wie wir an Jungs Beispiel sehen, ist ein Refugium mehr als ein Ort, um zur Ruhe zu kommen. Zwischen unserer Seele und der Welt besteht eine gewisse Distanz, und die meisten Orte erfüllen keinen weiteren Zweck, der über ihre vorgesehene Bestimmung hinausreicht. Gibt es aber einen, zu dem es uns immer wieder hinzieht, weil dort der Abstand zwischen unserer Seele und der Welt zusammenschrumpft und wir uns nicht als bloß an der Oberfläche existierend oder fremd erleben, haben wir unser Refugium gefunden.

Mehrere Sommer verbrachte ich in Ladakh. Mein indischer Freund Rikjin Chubi stellte mir im ersten Stock seines Hauses einen Raum zur Verfügung und machte mir damit ein großes Geschenk. Das Haus war nach alter Tradition aus Backsteinen gebaut, deren Lehm aus dem Fluss Indus stammte. In meinem Zimmer standen ein Holzbett, ein Schreibtisch und ein Stuhl. Tisch und Stuhl hat Rikjin extra für mich angeschafft, damit ich schreiben konnte. Öffnete ich frühmorgens das Fenster, sah ich, wie vor der Kulisse des verschneiten Himalayas an dem winzigen Flughafen unten im Tal kleine Flugzeuge starteten und landeten. Am Nachmittag konnte er aufgrund starker Windböen nicht angeflogen werden.

Selbst mehrere Tage nach meiner Ankunft machte mir in dieser Höhe der Sauerstoffmangel zu schaffen, was mich jedoch nicht davon abhielt, morgens die etwa zehn Minuten zur Bäckerei zu laufen und mir arabisches Brot zu kaufen – Fladen, die in einem runden Lehmofen gebacken wurden, indem man sie innen an die Decke klebte. Es kostete wenig und schmeckte köstlich. Ich aß es mit der selbst gemachten Aprikosenmarmelade von Rikjins Frau und trank dazu Buttertee. In dem Dorf wohnten nicht wenige Muslime, und in der Bäckerei begegnete ich praktisch immer denselben Leuten. Wir begrüßten uns mit einem Nicken, wenn wir gemeinsam Schlange standen, denn ich sprach nicht mehr als ein paar Sätze Ladakhisch.

Nach dem Frühstück ging ich zu dem buddhistischen Tempel hinüber, der sich auf einer Anhöhe jenseits der Straße befand. Dort setzte ich mich einfach hin, oder ich ging ein bis zwei Stunden in der Umgegend spazieren. Danach duschte ich mit dem Schmelzwasser, das kräftig den Bach hinunterrauschte, setzte mich auf die Dachterrasse in die Sonne und las ein Buch oder schrieb ein wenig. Abends bereitete ich mir *Chutagi* zu, eines der traditionellen, einfachen Gerichte der ladakhischen Küche. Ab und zu wurde ich auch von Einheimischen zum Abendessen eingeladen. Einmal in der Woche schaute ich mir eins der umliegenden Dörfer an. Es wurde früh dunkel, und so lag ich spätestens um neun Uhr im Bett. Es gab keinen Fernseher, und selbst das Telefon benutzte ich kaum, doch mir fehlte absolut nichts.

Einmal verbrachte ich einen Winter im nordindischen Dharamsala, dem Ort, an dem der Dalai Lama lebt. Normalerweise wimmelt es dort nur so von buddhistischen Pilgern und Touristen aus aller Welt, doch im eisigen Hochgebirgswinter kehrt Ruhe ein. Ich stieg die dreihundert Stufen nach Dharamkot hinauf und entschied mich angesichts der herrlichen sonnigen Lage, mir dort ein Zimmer zu mieten.

Mittlerweile hat der Tourismus leider auch dieses Dorf eingeholt, aber damals gab es weder Herberge noch Café, sondern bloß ein paar Wohnhäuser. Es herrschte eine wunderbare Ruhe. Morgens ging ich die dreihundert Stufen hinunter, kaufte mir in einem Gasthaus ein tibetisches Brot, *Balep* genannt, und abends heizte ich den Lehmofen an und bereitete mir ein einfaches Nudelgericht wie *Thukpa* zu. Meine Vermieterin schenkte mir getrocknete Pfefferminzblätter für meinen Tee, und während ich ihn trank, schaute ich zu, wie die Sterne am Himmel zu leuchten begannen – in Dharamkot sieht man besonders viele Sterne – und wie in den Häusern entlang der Hänge wie auf ein Signal hin ein Licht nach dem anderen anging.

Mein Zimmer war ungeheizt, und ich musste mich morgens draußen in die Sonne stellen, um mich aufzuwärmen. Affen und grüne Papageien gesellten sich zu mir, um ebenfalls Wärme zu tanken. An schönen Tagen stieg ich weiter auf und genoss den Anblick des Firnschnees. Meine Augen öffneten sich schneller als das Objektiv meiner Kamera. Rings um meine Unterkunft herum gab es viele Wanderwege, und ich ließ mich von ihnen gerne verführen. Eine gewisse Zeit verbrachte ich täglich mit dem Schreiben. Der Aufenthalt kostete mich kaum Geld.

Das einfache Leben und das einfache Essen machten mich zu einem einfachen Menschen, und diese Einfachheit brachte mich näher zu mir. Andere mochten mit einem solchen Dasein nichts anfangen können, mich aber sprach es in der Tiefe meiner Seele an. Ich hatte sämtliche vermeidbaren Angelegenheiten und Termine gestrichen und blühte innerlich auf. Luxus mag Kultur schaffen, die Einfachheit aber erschafft den Geist. In Dharamsala besichtigte ich viele Tempel, betrachtete unzählige Götterstatuen und entdeckte den heiligen Ort in mir selbst.

In *Erinnerungen, Träume, Gedanken* schreibt Jung: »Man stürzt sich hemmungslos ins Neue, getrieben von einem zunehmenden Gefühl des Ungenügens, der Unzufriedenheit und Rastlosigkeit. Man lebt nicht mehr aus Besitz, sondern aus Versprechen, nicht mehr im Lichte des gegenwärtigen Tages, sondern im Dunkel der Zukunft, wo man den richtigen Sonnenaufgang erwartet. Man will es nicht wahrhaben, dass alles Bessere durch ein Schlechteres erkauft wird. Die Hoffnung auf größere Freiheit wird durch vermehrte Staatssklaverei zunichtegemacht, nicht zu sprechen von den fürchterlichen Gefahren, denen uns dic glänzendsten Entdeckungen der Wissenschaft aussetzen.« Jung war davon überzeugt, dass Verbesserungen und Fortschritt keineswegs das Behagen, die Zufriedenheit oder das Glück im Großen und Ganzen mehren würden. »Sie sind meist hinfällige Versüßungen des Daseins, wie zum Beispiel zeitverkürzende Maßnahmen, die unangenehmerweise bloß das Tempo beschleunigen und uns somit weniger Zeit lassen als je zuvor.« In seinem Turm in Bollingen, so Jung weiter, lebe es sich wie vor Hunderten von Jahren, und einem Mann des sechzehnten Jahrhunderts seien dort einzig die Petroleumlampe und die Zündhölzchen neu.

Wo ist ein solcher Ort für Sie? Ein Ort, der nur Ihnen gehört und an dem Sie nachdenken und tief durchatmen können? Ein Ort, zu dem es Sie hinzieht, wann immer Sie das Gefühl haben, Ihr Leben hätte seinen Sinn verloren? Der Ort, den Gott für Sie auf der Landkarte markiert hat?

Jeder von uns sollte ein eigenes Refugium haben, einen Turm ganz für sich allein. Ob Steinbau, Tannenwald oder einsamer Strand – es ist wichtig, uns regelmäßig dorthin zurückzuziehen, unsere überlasteten Sinne auszuruhen und uns auf unsere Seele zu konzentrieren. Es ist ein Weggehen und Ankommen zugleich. In unserem Refugium hören wir auf, ein anderer zu sein, und sind niemand anderer als wir selbst. Im Alltag vergeuden wir zu viel Zeit damit, unser wahres Gesicht zu verbergen. An unserem Rückzugsort brauchen wir uns nicht um anderer willen zu verstellen. Abgeschirmt von der Außenwelt und ihrem Lärm, findet unsere Seele Schutz, und wir sind von den Anforderungen befreit, die man allenthalben an uns stellt.

Und noch im selben Augenblick eröffnet sich in uns ein heiliger Raum. Es ist ein Moment von Weisheit und Vertrauen; ein Moment, in dem das Eis in uns schmilzt. Hier schließen wir uns an unseren Kraftquell an und werden neu geboren. Wir sind wie eine bis dahin fest geschlossene Knospe, die sich nun öffnet und ihren eigenen Duft einsaugt – da, wie Elisabeth Apel schrieb, »das Risiko, in der Knospe zu verharren, schmerzlicher wurde als das Risiko, zu blühen«.

DU BIST NICHT VOLLKOMMEN, ABER DU KANNST MIR EINE VOLLKOMMENE ROSE SCHENKEN

Ich stand kurz vor dem Oberschulabschluss, als ich plötzlich so schreckliche Kopfschmerzen bekam, dass ich ins Krankenhaus musste. Ich blieb dort einen Monat, doch obwohl man meinen Kopf mit Elektroden spickte, um meine Hirnströme zu messen, und mir mit der Nadel ein Loch in die Lendenwirbelsäule bohrte, um eine Probe Rückenmarksflüssigkeit zu entnehmen, konnte man keine Erklärung für meine Symptome finden. Dass ich schließlich in die Psychiatrie eingewiesen wurde, hatte aber nicht nur mit den Kopfschmerzen zu tun, sondern auch mit den Gedanken, die mich plagten, und den Dingen, die ich manchmal tat und die nicht einmal mir selbst plausibel erschienen (etwa, dass ich die Kappe, die wir Schüler als Teil unserer Schuluniform zu tragen hatten, wegen meiner Kopfschmerzen der Länge nach einschnitt, sodass der Scheitel herausschaute).

Unter den psychisch Gestörten wirkte ich allerdings ziemlich gesund. Ein Mann, der mehrmals am juristischen Staatsexamen gescheitert war, stellte sich mir als Richter vor und nannte mich »Herr Anwalt«. Ein anderer sah in mir den Spitzel einer Informationsbehörde, der geschickt worden war, um ihn im Auge zu behalten. Mehrmals am Tag wechselte ich zwischen beiden Rollen hin und her.

Wenige Tage nach meiner Einweisung hatte ich meine erste Therapiestunde bei einem Psychiater, der zugleich Direktor der Anstalt war. Worum genau es in der Sitzung ging, weiß ich nicht mehr, aber was mir der Mann am Ende sagte, werde ich nie vergessen.

»Du bist nicht normal«, befand er und schaute mir dabei direkt ins Gesicht.

Als mir mein Klassenlehrer gesagt hatte, ich sei nicht normal, während er mir die Schülerkappe auf den Kopf klatschte, hatte mich das nicht weiter gerührt. Aber als mir ein Psychiater im weißen Kittel mit solchem Nachdruck die gleichen Worte sagte, traten mir Tränen in die Augen.

Ich wollte gerade den Kopf zur Seite drehen, um mir nicht die Blöße zu geben, vor ihm zu weinen, da fügte er hinzu: »Aber wirklich anomal bist du auch nicht. Deshalb brauchst du nicht weiter hierzubleiben.«

Jetzt schossen die Tränen. Dank eines guten Arztes – ohne den ich womöglich bis ans Ende meiner Tage als zwischen Anwalt und Spitzel gespaltene Persönlichkeit gelebt hätte – wurde ich noch am selben Tag entlassen, setzte alles daran, meinen Schulabschluss zu meistern, und konnte schließlich mein Studium der Koreanistik beginnen.

Während eines Aufenthalts in einem indischen Aschram geriet ich angesichts der unaufhörlichen Gedankenflut aus meinem Unbewussten an den Rand der Verzweiflung. Ich lernte damals, dass man rapide Gewicht verliert, wenn der Wahnsinn nach einem greift. Eine Zeit lang irrte ich ziellos durch die Gegend, und als ich zum Aschram zurückkehrte, war ich bis auf die Knochen abgemagert. Wie der Zufall es wollte, hielt sich ein koreanischer Freund, der normalerweise in Amerika lebte, gerade dort auf, und er führte mich zu einer Pappelfeige, in deren Schatten wir uns setzten.

»Du bist verrückt!«, sagte der Freund, umarmte mich und strich mir über den Rücken. »Aber mach dir keine Sorgen. Total verrückt bist du nicht!«

Die Umarmung, vor allem aber seine Worte spendeten mir viel Trost und Kraft. Ich war nicht »total verrückt«!

Was kann uns in psychisch labilen Momenten helfen? Wahrscheinlich sind es Sätze wie diese: »Du bist nicht normal, aber völlig anomal bist du auch nicht. Ja, stimmt, du hast viele Probleme, aber eine große Begabung hast du: Du kannst dir wunderbar Probleme schaffen! Ganz verloren bist du also nicht.« Was nichts bringt, ist gut gemeinter Zuspruch nach dem Motto: »Du bist normal, du hast absolut keine Probleme«. Schaue ich mir meine eigene Geschichte an, gehört schon eine gewisse Kreativität dazu, eine Kappe der Länge nach aufzuschneiden und die Haare heraushängen zu lassen. Und außerdem – wer ist schon komplett über den Eindruck erhaben, manchmal etwas verrückt zu sein? Wer sich zwanghaft versichern muss: »Du hast kein Problem. Du bist absolut richtig!«, der hat ein ernsthaftes Problem.

Vielleicht sollten wir uns lieber das Folgende sagen: »Kann sein, dass du irgendwie seltsam bist, aber wenn du das Gefühl hast, nirgends wirklich dazuzugehören, ist das halb so schlimm.

Du magst verrückt sein, aber es gibt Menschen, die gerade aus ihrer Verrücktheit ihre eigentliche Kraft schöpfen. Ein bisschen verrückt zu sein kann manchmal ganz hilfreich sein, und normal zu sein ist nicht unbedingt etwas, worauf man sonderlich stolz sein könnte.«

Der in Amerika lebende koreanische Mönch Sungsan Sunim stellte sich bei einer Veranstaltung am Cambridge-Tempel bei Boston den Fragen des Publikums. Ein junger Mann aus der hintersten Reihe meldete sich und faselte solchen Unsinn, dass die Leute im Raum ganz unruhig wurden. Alle drehten sich nach dem Redner um.

Sungsan Sunim warf dem jungen Mann über den Rand seiner Brille einen so durchdringenden Blick zu, dass es augenblicklich still im Saal wurde. Er neigte sich ein wenig vor und rief mit donnernder Stimme: »Du bist verrückt!«

Alles hielt gebannt den Atem an. Selbst die Schüler von Sungsan Sunim saßen fassungslos da. Manch einer hätte den Lehrer am liebsten am Ärmel gezupft und ihm zugeraunt: »Mag ja sein, dass der Mann verrückt ist, aber bei einer öffentlichen Veranstaltung in einem solchen Ton mit ihm zu sprechen geht gar nicht.« Genau das war es, was jeder insgeheim dachte.

Sungsan Sunim war jedoch mit seiner Rede noch nicht am Ende. Nach einer Pause von einigen Sekunden, die dem Publikum wie eine halbe Ewigkeit erschien, fuhr er fort. »Aber«, sagte er, woraufhin er wieder eine Pause einlegte, »nicht vollkommen verrückt!«

Alle atmeten erleichtert auf, und sofort entspannte sich die Atmosphäre. Ein Gefühl von Ruhe kehrte ein, das auch den jungen

Mann erfasste, der zwar »verrückt, aber nicht vollkommen verrückt« war. Sungsan Sunim gab niemanden auf. Jon Kabat-Zinn, emeritierter Professor an der University of Massachusetts Medical School in Worcester, Massachusetts, und einer seiner Schüler, kommentiert das Ganze so: »Sungsan Sunim wollte damit sagen, dass wir unseren Wahnsinn gehobenen Hauptes akzeptieren und mitfühlend annehmen sollen, um den Mut aufzubringen, in die geistige Vollkommenheit zurückzufinden. Wir können zu einem werden, der die eigene Schwäche überwunden hat, indem wir der Schwäche ins Gesicht sehen und sie beim Namen nennen. Nur dann brauchen wir uns nicht mehr von ihr in die Irre führen zu lassen und kommen unserer ureigenen Ganzheit näher.«

Wir sehnen uns nach einem, der uns bedingungslos liebt. Nach einem, der uns sagt: »Du bist nicht vollkommen und wirst es niemals sein. Aber du bist schön.« Über alle Maßen würden wir uns freuen, wenn dieser eine aus unserem eigenen Inneren zu uns spräche. Auch einer, der nicht vollkommen ist, kann eine vollkommene Rose schenken. Was für ein schöner Gedanke!

Die Worte »graben« und »pflanzen« beschreiben ein ähnliches Tun, doch ihre Bedeutung ist grundverschieden. Im Leben gibt es Momente, in denen wir uns in absoluter Dunkelheit begraben fühlen. In Wirklichkeit aber sind wir in diese Dunkelheit hineingepflanzt. Unser Gehör und Geruchssinn schärfen sich, und wir schlagen Wurzeln, um, wenn die Zeit reif ist, auszuschlagen und

3

Blüten zu treiben – um aufzuleben. Wir mögen manchmal das Gefühl haben, von der Welt dort draußen bei lebendigem Leib begraben worden zu sein, aber es liegt an uns, daraus ein Gepflanztsein zu machen. Nehmen wir dieses Gepflanztsein an – und schon ist unser momentanes Leid nicht mehr das Ende der Geschichte!

VOM GRABEN UND PFLANZEN

Im vierundzwanzigsten Herbst meines Lebens mietete ich mir ein Zimmer in der Nähe der Uni. Es befand sich in einem reichlich in die Jahre gekommenen, vierstöckigen Bürogebäude und die Fenster im Treppenhaus waren zum Teil eingeschlagen. Mein Vermieter hatte darin ein ganzes Stockwerk gemietet und zur Wohnung umgestaltet, und er lebte dort mit seiner Familie. Ich sagte also meiner vorübergehenden Bleibe, dem alten Schuppen am Han-Fluss, adé und zog bei diesen Leuten als Untermieter ein.

Nachdem ich meine Bücher an der Wand entlang gestapelt hatte, blieb mir gerade genug Platz, um mich im Liegen auszustrecken, aber damit konnte ich gut leben, denn das Zimmer bot mir einen Blick hinunter zur Straße, und vor allem war es sehr günstig. Außerdem wohnte ich nun ganz in der Nähe der Uni, was die Wahrscheinlichkeit etwas verringerte, dass ich nicht zu meinen Vorlesungen gehen würde. Ein Semester hatte ich bereits wiederholen müssen, was bedeutete, dass man mich zwangsexmatrikulieren würde, falls ich ein weiteres verpatzte.

Mein Vermieter war ein aggressiver Typ. Schon am ersten Tag bekam ich mit, wie er völlig betrunken seine Frau und Tochter anschrie, sie verfluchte und sogar handgreiflich wurde. Ich war erst vierundzwanzig, aber ich hatte bereits ein Jahr als Obdachloser hinter mir und ein Hochwasser in einem Schuppen am Fluss überlebt. Da sollte mir ein Kerl wie der doch keine Angst machen!

Schön wär's, wenn es wahr gewesen wäre. Mir schlotterten die Knie, wenn ich an den Mann nur dachte! Wen hätte es gewundert? Er war groß und kräftig und warf mit jedem Gegenstand um sich, den er in die Hände bekam. Auf leisen Sohlen schlich ich mit pochendem Herzen zur Toilette und wieder in mein Zimmer zurück.

»Hey, du!« Ohne anzuklopfen, riss er die Tür zu meinem Zimmer auf. »Meine Toilette ist für dich tabu. Ich habe dir ein Zimmer vermietet. Keine Toilette!«

Was für eine Schikane! Das war doch nicht sein Ernst! »Ich habe bei Ihnen ein Zimmer gemietet. Da gehört die Nutzung der Toilette doch selbstverständlich dazu. Wenn Sie mir so kommen, kündige ich. Geben Sie mir mein Geld zurück!« Mit diesen Worten bot ich ihm tapfer die Stirn.

Wie gesagt, schön wär's ... Natürlich schluckte ich meine Rede hinunter. Immer schön höflich bleiben war eher meine Taktik. Was folgte, war ein Überlebenskampf auf der Suche nach Lösungen für ein rein biologisches Phänomen – nicht für mich als Literaturstudenten, sondern für mich als Mensch. Die einzige Toilette, die für mich jetzt noch infrage kam, war die im Universitätskrankenhaus in etwa siebenhundert Metern Entfernung.

Im Normalfall war ich in maximal zehn Minuten dort, aber für einen, der dringend muss, können siebenhundert Meter zur irrwitzig langen Distanz werden. Es kam immer wieder vor, dass ich in höchster Not lossausen musste, etwa wenn ich mich zu lange mit einer fesselnden Lektüre aufgehalten hatte. Und das auch schon mal nach Mitternacht, wo kaum eine Menschenseele auf der Straße war. Hätte mich jemand mit einer Stoppuhr getimt, er hätte mir auf der Stelle einen Platz in der olympischen Sprintstaffel offeriert. Ob es regnete oder schneite, ich konnte darauf keine Rücksicht nehmen.

Etwa ein halbes Jahr blieb ich in diesem Zimmer wohnen. Während dieser Zeit ging ich, egal wo ich war, immer noch einmal zur Toilette, bevor ich mich auf den Heimweg machte. Dennoch entwickelte ich so etwas wie eine Zwangsneurose, die mich ausnahmslos um Mitternacht oder im Morgengrauen aus dem Bett trieb, was bedeutete, dass ich die Toilette auf der Intensivstation benutzen musste. Einer meiner Professoren, dem ich zu dieser frühen Stunde am Eingang begegnete, rief mir einen Gruß und irgendeine Frage zu. Ich spurtete wortlos an ihm vorbei. Ich frage mich noch heute, ob er mich deswegen bei der nächsten Klausur durchfallen ließ. Aber was hätte ich anderes tun sollen? Es war Alarmstufe Rot! Sich mir einfach so in den Weg zu stellen war schließlich auch nicht die feine Art. Gut, zugegeben, mich traf die größere Schuld. Ich hatte sein Seminar des Öfteren geschwänzt.

Ich war Mitte zwanzig. Es war die Zeit, in der ich die existenzialistischen Romane von Camus verschlang, mich in Nietzsches Konzept vom Übermenschen vertiefte und mit gezücktem Bleistift die Werke von Bachelard goutierte; die Zeit, in der ich allein im stillen Kämmerlein vor einer brennenden Kerze saß und schwor, mein Leben ausschließlich der Literatur zu widmen und nur nach existenziellen, von der äußeren Welt unbeeinflussten Dingen zu streben. Und ausgerechnet da holte die Realität mich ein und machte mich mit der lächerlichen Notwendigkeit einer Toilette fix und fertig. Strebte ich nicht nach einem reinen, schönen Planeten? Da sollte ich doch über so etwas wie den Stuhlgang erhaben sein …

Was ich erhobenen Hauptes versichern kann, ist, dass ich es jedes Mal noch rechtzeitig schaffte. Diesem Umstand ist es zu verdanken, dass das Ganze irgendwie erträglich blieb und meine Seele keinen größeren Schaden nahm. Heute muss ich lachen, wenn ich daran denke, auch wenn ich es damals furchtbar fand und mich bitterlich bei Gott beklagte.

Eigentlich hatte ich an dieser Stelle über das Wirken der göttlichen Vorsehung schreiben wollen, nun aber fehlt es mir an einer passenden Überleitung. Welche göttliche Vorsehung mag bei der Geschichte wohl im Spiel gewesen sein? Sei's drum. Worauf ich hatte hinweisen wollen, ist dies:

Die Worte »graben« und »pflanzen« beschreiben ein ähnliches Tun, doch ihre Bedeutung ist grundverschieden. Im Leben gibt es Momente, in denen wir uns in absoluter Dunkelheit begraben fühlen. In Wirklichkeit aber sind wir in diese Dunkelheit hineingepflanzt. Unser Gehör und Geruchssinn schärfen sich, und wir schlagen Wurzeln, um, wenn die Zeit reif ist, auszuschlagen und Blüten zu treiben – um aufzuleben. Wir mögen manchmal das Gefühl haben, von der Welt dort draußen bei lebendigem Leib begraben worden zu sein, aber es liegt an uns, daraus ein Gepflanztsein zu machen. Nehmen wir dieses Gepflanztsein an – und schon ist unser momentanes Leid nicht mehr das Ende der Geschichte!

ICH MAG MICH AM LIEBSTEN, WENN ICH BEI DIR BIN

Eine Wissenschaftlerin verbrachte im Rahmen ihrer Doktorarbeit ein Jahr im Reservat der Navajos im Südwesten der USA. Sie wohnte bei einer indigenen Familie in deren Hogan, aß mit den Leuten, arbeitete mit ihnen Seite an Seite und nahm auf diese Weise am Alltag des Stammes teil.

Obwohl die Großmutter der Familie kaum Englisch konnte, kamen sie und die Besucherin sich mit der Zeit näher, und es entstand eine tiefe Freundschaft. Sie sprachen zwar nicht dieselbe Sprache, aber sie fanden eine andere, die sie beide beherrschten: die Sprache der Liebe und des Verstehens.

Als die Zeit des Abschieds gekommen war, richtete der Stamm eine Feier für die Forscherin aus. Die Leute hatten sie ins Herz geschlossen, und alle waren traurig, sie gehen zu sehen. Sie saß schon in ihrem Pick-up und wollte gerade losfahren, als sie die Großmutter ihrer Gastfamilie doch noch einmal herbeieilen sah. Weinend hielt sie die Wangen der jungen Frau mit ihren vom Wetter und der Zeit gegerbten Händen, schaute ihr in die Augen und sagte in ihrem stockenden Englisch: »Ich mag mich am liebsten, wenn ich bei dir bin.«

Ich bin wohl nicht der Einzige, der neidisch auf die Beziehung zwischen diesen beiden Frauen ist. Obwohl das Leben der beiden in völlig anderen Bahnen verlaufen war, begriffen sie einander in ihrer ganzen Tiefe und lernten sich dadurch selbst mehr zu schätzen.

Die Forscherin war mit dem Auftrag gekommen, die Lebensweise der Navajos aus kühler wissenschaftlicher Sicht zu erforschen. Aber die Leute nahmen sie über alle sprachlichen und kulturellen Barrieren hinweg bei sich auf; und sie ließ sich ihrerseits auf diesen Austausch ein und wurde zu einer von ihnen.

Liebe, Verständnis und Sympathie erlauben uns, einander mit ganzem Herzen zu begegnen und im Inneren nah zu sein, sodass sich unsere Beziehung über die freundschaftliche Ebene hinaus in eine geistige, spirituelle entwickelt.

In Indien wurde ich Schüler von Sukhdev Babaji, weil er so beeindruckend langes Haar hatte – und weil er mir gegenüber immer wahrhaftig war. Während die meisten Menschen sich in Gegenwart anderer verstellen oder sich übertrieben authentisch geben, konnte ich bei meinen Begegnungen mit Sukhdev nichts Künstliches spüren. Er war freundlich, gab sich aber keinerlei Mühe, mir zu gefallen.

Ich hatte darum auch nicht das Gefühl, mir selbst etwas vormachen oder mich vor ihm irgendwie verbiegen zu müssen, um eine bessere Figur abzugeben. Wenn er mich anlächelte, lächelte er wirklich, und wenn er mich herzlich empfing, kam es tatsächlich aus dem Herzen. Morgens saßen wir oft am Ganges, und wenn wir zusammen waren, war Sukhdev ganz bei mir. Seine Gedanken schweiften, anders als die meinen, nicht laufend ab. Er war mir gegenüber frei von Absichten und Erwartung. Wenn das keine Liebe ist, was dann?

Einmal unternahmen wir einen kleinen Ausflug zu einer historischen Stätte. Ich hatte meinen alten Fotoapparat dabei, und der Knopf des Auslösers fiel mir herunter. Während ich mich eher halbherzig danach umzuschauen begann, suchte Sukhdev intensiv den Boden ab, während er mit beiden Händen sein zum Kranz gewundenes, zwei Meter langes Haar oben auf dem Kopf festhielt. Als er den silbernen Knopf endlich im Klee entdeckte, freute er sich mehr als ich.

Spaßeshalber schlug ich vor, dass wir, wo wir schon einmal dabei seien, ein vierblättriges Kleeblatt suchen sollten. Sukhdev ließ sich das nicht zweimal sagen. Wie ein Kind setzte er sich sofort auf die Wiese und brachte eine halbe Stunde damit zu, sie Halm um Halm zu durchkämmen. Dabei stützte er die ganze Zeit seine mit einem roten Turban umwickelte Haarpracht, deren Volumen das seines Kopfes um ein Vielfaches überstieg. Ich schaue mir noch heute manchmal die Aufnahmen an, die ich damals gemacht habe. Er hat mir nie irgendeine Lehre oder Weisheit mit auf den Weg gegeben, gratulierte mir aber aufrichtig und mit großer Freude, wenn ich ihm erzählte, dass ich ein neues Buch herausgebracht oder einen kleinen Erfolg zu feiern hatte. So brachte er mich dazu, mich selbst zu mögen. Einem solchen Lehrer zu begegnen ist für einen begriffsstutzigen, vorlauten Schüler wie mich ein großes Glück.

Was hat mir mein Lehrer außer Liebe geschenkt? Wahrhaftigkeit im Umgang miteinander und einen tiefen geistigen Austausch.

Sukhdev Babaji weilt nicht mehr unter uns, aber er hat eine Flamme in mir entzündet. Mit ungeteilter Aufmerksamkeit für einen anderen da zu sein, anstatt ihn zu beurteilen, ist wertvoller als alle Konzepte und alles Wissen.

Wenn wir einen Menschen mögen und mit ihm zusammen sein wollen, liegt das nicht in erster Linie an der Zuneigung, die wir für ihn empfinden, sondern daran, dass wir uns in seiner Gegenwart selbst mögen und uns am nächsten sind. Gehen wir zu einem Menschen hingegen instinktiv auf Distanz oder meiden den Kontakt, dann meistens deshalb, weil wir uns selbst nicht mögen, wenn wir mit ihm zusammen sind.

Ist Ihnen auch das Glück beschieden, dass da einer ist, der zu Ihnen sagt: »Ich mag mich am liebsten, wenn ich bei dir bin«?

WER BIN ICH, WENN KEINER MIR ZUSCHAUT?

»Wer bin ich?« Die Antwort auf diese Frage zeigt sich nicht in den Prinzipien oder Standpunkten, die wir vertreten, sondern darin, wie wir uns in unbeobachteten Momenten geben. Es sind die kleinen, oft unbewussten Gesten und Verhaltensweisen, die den Rhythmus unseres Körpers prägen. In ihnen offenbart sich, wie es in unserem Inneren aussieht und in welcher Dimension wir schwingen.

In einem meiner Verlage gab es einen Wechsel im Lektorat, und es war vereinbart, dass »die Neue« mich daheim besuchen sollte. Ausgerechnet an dem Tag, an dem wir uns verabredet hatten, kam ich später als geplant nach Hause. Bis ich eintraf, hatte die Frau sich bereits mit meinem Hund bekannt gemacht, ja mehr noch, die beiden hatten Freundschaft geschlossen. Normalerweise mochte »Neugier« (so hieß mein Hund) keine Fremden. Sie musste über irgendwelche magischen Fähigkeiten verfügen, denn vor ihr warf er sich auf den Rücken, um sich am Bauch kraulen zu lassen. Wenn ich nach Hause kam, wedelte er noch nicht mal mit dem Schwanz. Irgendetwas lief da falsch!

Als die Lektorin mich zum zweiten Mal besuchte, musste sie wieder ein wenig warten, weil ich noch schnell ein Manuskript für sie fertigzumachen hatte. Es war Frühling, und so ging sie hinaus in den Garten, setzte sich still in eine Ecke und betrachtete die Narzissen, die kurz vor dem Aufblühen waren. Der gute »Neugier« lag ihr zu Füßen und machte es ihr gleich. Es war offensichtlich, wie sehr sie alles im Garten liebte.

In ihrem besonderen Gespür für Tiere und Pflanzen offenbarte sich ihr Wesen auf so natürliche Weise, dass auch ich mich ihr gegenüber bedenkenlos öffnen konnte, obwohl ich mich innerlich gegen die Vorstellung gewehrt hatte, mit einer neuen Lektorin zusammenzuarbeiten. Das ist jetzt fünfzehn Jahre her, und inzwischen lektoriert sie alle meine Bücher, egal bei welchem Verlag sie erscheinen. Der einzige Unterschied zwischen damals und heute ist, dass »Neugier« uns inzwischen verlassen hat und es nun ein neues Familienmitglied namens »Donner« ist, der sich vor sie hinwirft, Männchen vor ihr macht und ihr auf Schritt und Tritt folgt.

Auch in meinem Hilfsprojekt für Kinder in Indien engagiert sie sich, und zu besonderen Festtagen schickt sie unseren Schützlingen unaufgefordert Geschenke, Kleidung etwa oder Schulartikel. Da diese kein Englisch sprechen, hat sie ein wenig Hindi gelernt, und in jedes Paket legt sie ein Kärtchen mit dem Namen des Kindes und einem persönlichen Gruß. Hindi zu lesen ist ungefähr so, als wollte man Hieroglyphen entschlüsseln. Die Sprache autodidaktisch zu lernen ist alles andere als leicht, und es braucht viel Liebe, um diese Mühe auf sich zu nehmen. An der Art und Weise, wie mich die Kinder bei meinem letzten Besuch nach ihr fragten, war abzulesen, dass sie für die Kleinen an erster Stelle stand. Dann folgte eine ganze Weile nichts, und irgendwann kam ich.

In zwischenmenschlichen Begegnungen gibt es Momente, in denen sich unser Herz öffnet. Es ist, als würde der andere wortlos verstehen, was wir empfinden oder was uns bewegt, was uns freut oder ängstigt. Wie oft irren wir durchs Leben wie Vögel, die in einem Sturm die Orientierung verloren haben. Es sind diese Menschen, die uns wieder in die Welt zurückholen und uns eine Richtung geben. Mit ihnen ein Stück des Lebensweges gemeinsam gehen zu dürfen ist ein großes Geschenk.

Der Psychologe Milton Erickson erzählt, wie er sich als Student mit dem Haus-zu-Haus-Verkauf von Büchern sein Studium finanzierte. Eines Tages kam er zu einer Farm, dessen Besitzer keinerlei Interesse an Büchern hatte. »Ich lese nicht, und ich brauche auch nichts zu lesen«, sagte er. »Ich interessiere mich nur für meine Schweine.«

»Darf ich Ihnen trotzdem etwas über meine Bücher erzählen, während Sie Ihre Schweine füttern?«, fragte Erickson. Er war selbst auf einer Farm aufgewachsen, und während er dem Mann erklärte, was er anzubieten hatte, hob er, ohne groß darüber nachzudenken, einen flachen Stein vom Boden auf und fing an, einem der Schweine den Rücken zu kratzen.

Als der Farmer dies bemerkte, sagte er: »Wie ich sehe, mögen Sie Schweine. Sie wissen, was ihnen guttut. Wer meine Schweine mag, den will ich näher kennenlernen. Was halten Sie davon, wenn Sie heute bei mir zu Abend essen und über Nacht bleiben? Ich werde Ihnen auch ein paar Bücher abkaufen.«

Der Farmer hatte intuitiv auf Ericksons unbewusste Geste reagiert. Es sind solche natürlichen, ungekünstelten Verhaltensweisen, über die die alltägliche zwischenmenschliche Kommunikation auf einer tieferen Ebene funktioniert. Sie erlauben es uns, den anderen wirklich kennenzulernen und einander zu erkennen, auch wenn wir oft vage spüren, dass da eine unsichtbare Mauer ist, die uns allzu große Innigkeit verwehrt.

»Die Menschen werden vergessen, was du sagtest, die Menschen werden vergessen, was du tatest, aber die Menschen werden niemals vergessen, welches Gefühl du ihnen gabst«, schreibt die amerikanische Schriftstellerin Maya Angelou.

Genau genommen kann niemand auf Dauer sein wahres Ich verstecken oder sich verstellen. Es offenbart sich, ohne dass wir selbst es merken – nicht in den Standpunkten, die wir vertreten, oder unserer Philosophie, sondern in unseren unbewussten Verhaltensweisen. Was tue ich und was für ein Mensch bin ich, wenn niemand mir zuschaut? In der Antwort auf diese Frage spiegelt sich mein wahres Ich.

Ein englischer Schriftsteller berichtet, wie er auf der Durchreise Station in einem Dorf machte und mit den örtlichen Farmern ins Gespräch kam. Sie waren zu zehnt und blickten über ein weites Feld, das sie gemeinsam gepflügt hatten. Nun überlegten sie, wer von ihnen welchen Streifen umgeackert hatte. Der Schriftsteller fragte, warum das so wichtig sei. Es habe doch keinen Einfluss auf die Ernte, wie das Feld gepflügt sei. Darum ginge es nicht, erwiderten die Männer. Man könne an den Furchen den Farmer erkennen! Eine Weisheit, so befand der Schriftsteller, die sich generell auf das Leben übertragen lässt.

Gott hört uns, aber er schaut auch auf das, was wir tun.

Danach beurteilt er uns. In unserer Art zu leben offenbaren sich Dinge, die sich nicht in Worte fassen lassen. Die Katholiken kennen den Begriff von *coram deo,* »in der Gegenwart Gottes«. Mit keiner Maske der Welt können wir unser wahres Ich vor Gott verbergen.

Ein Elefant und eine Ameise spielten Verstecken. Zuerst musste die Ameise den Elefanten suchen, was angesichts von dessen Größe keine schwere Aufgabe war. Danach war die Ameise an der Reihe. Sie huschte in einen kleinen Tempel, in den der Elefant nicht hineinkommen konnte. Der Elefant aber fand sie sofort, denn sie hatte sich, wie man es eben so macht, die Schuhe ausgezogen, bevor sie den Tempel betrat.

DAS INNERE KIND

Sowohl Freud als auch Rilke schrieben, jeder auf seine Weise, über das Kind, das wir alle einmal waren und das nun ein Leben lang in uns wohnt und geliebt werden möchte.

Ich war elf, als ich zum ersten Mal mit dem Gedanken an Selbstmord spielte. Es war an einem Sonntag. Ich vertrieb mir die Zeit damit, auf dem Gemüsefeld neben unserem Haus herumzubuddeln und die Hühner aufzuscheuchen. Es war kein großes Feld, aber in den Augen eines Kindes wirkte es doch riesig. Wenn man aufmerksam schaute, konnte man scharfkantige schwarze Steine finden, die als Pfeilspitzen taugten, und die wilden Erdbeeren waren reif. Im Schweinestall grunzten die Schweine, um sich verirrte Reiskörner aus der Nase zu schnauben, und wenn ich sie mit einem Zweig am Rücken kratzte, lächelten sie mich an. Der Geruch von Frühling hing in der Luft. Schmetterlinge flatterten von Blüte zu Blüte, und vom nahe gelegenen Hügel schallte der Ruf der Kuckucke herüber. Ich ahnte nicht, welche Tragödie sich über dieser Idylle zusammenbraute.

Ich hörte eine Henne gackern, und als ich zu ihr ging, sah ich ein Ei im Strohbett liegen. Es war noch warm. Diese Henne legte jeden Tag ein Ei – damals für uns eine Kostbarkeit. Ich hob das Ei also vorsichtig heraus und legte es an den dafür vorgesehenen Platz, bevor ich zu meinen Freunden lief, die, laut schreiend und verdreckt vom Spielen, Unfug mit hässlichen Knüppeln trieben. Ich schnappte mir selbst einen großen Prügel und stürzte mich ins Getümmel.

Als ich am frühen Abend nach Hause kam, spürte ich sofort, dass etwas nicht stimmte. Wie sich herausstellte, war das Ei verschwunden, das die Henne mittags gelegt hatte, und angefangen von meiner älteren Schwester, die für die Zubereitung des Essens zuständig war, zeigten alle in der Familie mit dem Finger auf mich. Ich spielte häufig draußen auf dem Feld, und so wie ich aussah, mit schmutzigem Gesicht und einem langen Stock in der Hand, hätte man mich durchaus für einen Eierdieb halten können. Ich hatte es doch sicher heimlich gegessen! Mein älterer Bruder schimpfte mich einen Lügner, und zur Strafe musste ich ohne Abendessen ins Bett. Niemand glaubte an meine Unschuld. Wir waren arm, und ein Ei war etwas Wertvolles für uns. Aber das rechtfertigte noch lange nicht, mich ohne Beweis schuldig zu sprechen. Ich wischte mir mit dem Handrücken die Tränen von den Wangen, wodurch mein Gesicht noch mehr verschmierte. So sehe ich mich dastehen, als verstoßenes Kind.

Was ich empfand, war weder Traurigkeit noch Wut. Ich fühlte mich ohnmächtig. Ja, es ist das Gefühl der Ohnmacht, das uns den Boden unter den Füßen wegzieht. Es zerstört uns im Kern unseres Wesens, wenn es nichts gibt, was wir aus eigener Kraft unternehmen könnten, um eine Sache richtigzustellen.

Draußen auf dem Feld kauernd entschied ich mich schluchzend für den Tod.

Auf dem Hügel hinter unserem Haus befand sich ein Kaisereichenwald. Dort wollte ich, der zu Unrecht als Eierdieb Bescholtene, meinem Leben ein Ende setzen. Ich stapfte den Hang hinauf, als wollte ich eine Meute abschütteln, die mir auf den Fersen war, um mich von meiner Tat abzuhalten, doch in Wirklichkeit war ich mutterseelenallein. Im Wald standen sehr alte Bäume, und schon zur Mittagszeit war er furchtbar düster. Jetzt ging die Sonne gerade unter, und an dem kleinen Bach wirkte alles noch finsterer als gewöhnlich. In der Hoffnung zu sterben, wenn ich einfach bloß dastand und mich nicht bewegte, wartete ich auf den Tod. Auf einmal spürte ich, wie mich etwas mit dem Blick durchbohrte.

Ich wischte mir die Tränen aus den Augen und schaute mich um. Da sah ich einen grünen Frosch auf einem Blatt am Bachufer sitzen. Er starrte mich unverwandt an. Es war ein Babyfrosch. Er machte keinerlei Anstalten zu verschwinden und schaute einfach nur. Ich hockte lange Zeit vor ihm, und wir schauten einander an. Liefen mir die Tränen, liefen auch dem Frosch die Tränen, lächelte ich ihn an, lächelte auch er mich mit seinem breiten Maul an.

Durch den Zwischenfall mit dem Ei wurde mein inneres Kind verwundet. Es trat von da an auf den Plan, wann immer ich mich verdächtigt oder in meiner Ehrlichkeit nicht richtig gewürdigt fühlte, und daran gingen viele meiner Beziehungen zu Bruch, ob zu Familienmitgliedern, Freunden oder Partnerinnen. Mein gebranntes inneres Kind führte ein Eigenleben, und wie es bei

Brandverletzungen ist, die nie richtig ausheilen, ertrug ich es nicht, berührt zu werden.

Würde Gott mir sagen: »Du kannst dir einen Punkt in der Vergangenheit wählen, um dorthin zurückzukehren«, ich würde, ohne zweimal nachzudenken, jenen Frühlingstag wählen. Wie gerne würde ich mit dem Ei durch die Tür treten und es meiner Familie mit beiden Händen hinhalten. Das Strohbett, in dem es gelegen hatte; wie warm es sich so kurz nach dem Legen anfühlte; wie die weißen Schmetterlinge von Blüte zu Blüte flatterten und wie die Schweine grunzten – all dies steht bis ins Detail lebhaft vor mir. Und ich sehe auch den grünen Frosch mit den goldumrandeten Augen, der mich irgendwann vergessen ließ, dass ich mich eigentlich hatte umbringen wollen.

Der Psychologe John Bradshaw ist überzeugt, dass jeder von uns ein Kind in sich trägt, das sich aufgrund früher Verletzungen nicht weiterentwickeln kann. Die Folgen reichen bis in unser heutiges Leben hinein und belasten unsere Psyche. Wir werden erwachsen, bevor sich diese Wunde schließen konnte, und so ist einer unserer Persönlichkeitsaspekte in der Vergangenheit eingefroren und dementsprechend pervertiert.

Mein inneres Kind war der Grund, warum es zwischen mir und der ersten großen Liebe meines Lebens zur Trennung kam. Sie hatte mich, ohne groß nachzudenken, einer Sache verdächtigt und mich damit eiskalt erwischt. Als sie es noch einmal tat, machte ich kurzerhand Schluss – eine Entscheidung, die wir beide nie ganz verwunden haben. Auf der verzweifelten Suche nach einem vollkommenen Menschen irrt unser inneres Kind umher, und wenn es dann von einer unvollkommenen Beziehung enttäuscht wird, verletzt es sich und andere tief. Das Muster ist stets das gleiche, aber es begreift nicht, was es tut.

Martha, eine Französin, die ich in einem Meditationszentrum kennenlernte, war sieben Jahre alt, als ihr Vater plötzlich nicht mehr nach Hause kam. Ihrer Mutter blieb nichts anderes übrig, als arbeiten zu gehen, um die Familie zu ernähren, und Martha wurde von ihrer Großmutter großgezogen. Ihr Vater wurde im Haus nie mehr auch nur mit einem Wort erwähnt. Von ihm zu reden war tabu. Die kleine Martha hatte darum keine Möglichkeit herauszufinden, warum und wohin ihr Vater verschwunden war. Das emotionale Leid ihrer Mutter und Großmutter aber übertrug sich auf sie. Erst mit über zwanzig erfuhr sie, dass ihr Vater mit einer anderen Frau zusammenlebte.

Martha heiratete und bekam zwei Kinder. Sie wurde Professorin für asiatische Literatur und führte ein Leben, in dem es an nichts mangelte. Eines Tages unternahm sie alleine eine Reise nach Irland. Nach ihrer Rückkehr teilte sie ihrem Mann mit, dass sie sich scheiden lassen wolle. Niemand konnte sie von ihrem plötzlichen Entschluss abbringen, und sie beendete ihre Ehe ohne nachvollziehbaren Grund. Ihr Mann musste gehen, und ihren Kindern erging es wie damals ihr selbst: Auch sie wurden von ihrer Großmutter großgezogen. So wurde das Muster an die nächste Generation vererbt.

Erst später erkannte Martha, dass sie wie unter einem inneren Zwang gehandelt hatte. Unter dem Eindruck des alten Traumas hatte sie unbewusst befürchtet, dass auch ihr Mann sie plötzlich im Stich lassen könnte. Darum trat ihr inneres Kind auf den Plan und setzte die Scheidung durch, bevor er sie verlassen konnte. Es war eine Art innerer Notwehrakt, begangen aus einer nicht befriedeten Angst vor Verlust und Ohnmacht.

In jedem von uns wohnt ein verletztes inneres Kind, das sich ungeliebt und verlassen fühlt, was manche zwischenmenschlichen Beziehungen so schwierig gestaltet, Gefühlsausbrüche provoziert und mitunter unser ganzes Leben aus den Fugen geraten lässt. Bradshaw sieht in unserem verletzten inneren Kind die Hauptursache für menschliches Leid.

Es war einmal ein Prinz, der war von schwacher körperlicher Konstitution. Dauernd fehlte ihm irgendetwas. Des kränkelnden Sohnes überdrüssig ließ ihn sein Vater, der König, in eine abgelegene Kammer des Palasts sperren und gebot, dass er erst herauskommen dürfe, wenn sich sein Gemüt aufgehellt habe. Der Prinz aber vermochte in seinem Inneren nichts als Düsternis und Leid zu finden, und so blieb er zeitlebens zwischen diesen vier Wänden gefangen.

Er litt an Körper *und* Seele und hätte Hilfe gebraucht, die zu geben zweifellos Aufgabe des Königs gewesen wäre. So hätte er geheilt werden und sich aus der Kammer befreien können. Dieser Prinz ist unser verletztes inneres Kind, und wir sind der König. In jedem von uns existiert dieses Kind, das sich verlassen und schutzlos fühlt – ein Kind, das sich ein besseres Leben wünscht und das Dasein voll und ganz auskosten möchte. Es liegt an niemandem außer uns selbst, dieses Kind ins Leben zurückzuholen.

Thích Nhat Hanh schreibt in seinem Buch *Versöhnung mit dem inneren Kind:* »In jedem und jeder von uns ist ein kleines, leidendes Kind. Als Kinder haben wir fast alle schwierige Zeiten erlebt, und viele von uns haben Traumata erfahren. Wir versuchen oft, diese schmerzvollen Zeiten zu vergessen, weil wir uns vor künftigem Leid bewahren oder schützen wollen. Jedes Mal, wenn wir mit der Erfahrung dieses Leides in Berührung kommen, glauben wir, es nicht ertragen zu können, und wir verfrachten unsere Gefühle und Erinnerungen tief in unser Unbewusstes. Vielleicht haben wir es jahrzehntelang nicht gewagt, diesem Kind gegenüberzutreten. Doch nur weil wir dieses Kind ignoriert haben, bedeutet das nicht, dass es nicht da wäre. Das verwundete Kind ist immer da und sucht unsere Aufmerksamkeit. Das Kind sagt: ›Ich bin hier. Ich bin hier. Du kannst mir nicht aus dem Weg gehen. Du kannst nicht vor mir davonlaufen.‹ Wir wollen unserem Leiden dadurch ein Ende machen, dass wir das Kind ganz weit weg in unser Inneres schicken und uns selbst so weit entfernt wie möglich halten. Doch unser Leiden hört nicht dadurch auf, dass wir vor ihm davonlaufen, es verlängert sich nur. Wir müssen gar nicht weit in die Vergangenheit zurückschauen, um dieses Kind zu finden. Wir müssen einzig tief genug schauen, und wir können mit ihm in Berührung sein. Das Leiden dieses verwundeten Kindes ist in uns genau jetzt im gegenwärtigen Moment.«

Ein Vater steht vor der Zimmertür seines Sohnes und klopft an. »Steh auf!«, sagt er durch die geschlossene Tür

»Keine Lust, Papa«, kommt als Antwort zurück.

»Steh endlich auf! Du musst zur Schule.«

»Ich will nicht zur Schule!«

»Warum nicht?«

»Aus drei Gründen. Erstens, weil mir die Schule keinen Spaß macht. Zweitens, weil mich die anderen Kinder auslachen. Und drittens, weil ich die Schule hasse.«

»Ich sag dir drei Gründe, warum du zur Schule musst. Erstens, weil es deine Pflicht ist, zur Schule zu gehen. Zweitens, weil es sehr lang her ist, dass andere Kinder dich ausgelacht haben. Du bist inzwischen zweiundfünfzig. Und drittens, weil du der Direktor der Schule bist. Steh auf! Du kannst am Nachmittag weiterspielen.«

Zweiundfünfzig Jahre alt, Schuldirektor – und das innere Kind ist immer noch da.

Thích Nhat Hanh schreibt weiter: »Sind Sie achtsam, werden Sie die Hilferufe des leidenden Kindes hören können. In solchen Momenten sollten Sie das verwundete Kind zärtlich umarmen, statt weiter dem, was sie gerade beschäftigt, Aufmerksamkeit zu schenken. In einer Sprache der Liebe können Sie ganz direkt mit dem Kind sprechen und ihm sagen: ›In der Vergangenheit habe ich dich allein gelassen, habe mich von dir abgewendet. Das tut mir sehr leid. Ich möchte dich umarmen.‹ Nicht gegen unsere Emotionen anzukämpfen, sondern uns um uns selbst zu kümmern, uns unserem verletzten inneren Kind zuzuwenden und es liebevoll zu umarmen – das ist es, was uns hilft. Wir werden weiter schwer zu kontrollierende Emotionen haben, aber wir leiden deutlich weniger darunter.«

IST »ICH« EIN NOMEN ODER VERB?

Ich war Mitte zwanzig, als im Rahmen eines Literaturwettbewerbs erstmals ein Text von mir veröffentlicht wurde. Mit den Gedichtbänden, die danach erschienen, machte ich mir einen Namen, und egal, wo ich seither hinkomme, ich bin für die Leute stets der Dichter oder Schriftsteller. Ich empfinde dies als derart selbstverständlich, dass ich mich selbst so vorstelle.

Aber der Begriff »Schriftsteller« fällt wie »Leben«, »Liebe« oder »Reise« in eine Wortkategorie, die eher Verb als Nomen ist: Er behält nur so lange seine Gültigkeit, wie ich ihn in der Gegenwart vollziehe. Während ich Gedichte schreibe, bin ich Dichter, in der übrigen Zeit bin ich es nicht. Lese ich das Werk eines anderen Autors, bin ich Leser, fahre ich mit dem Bus, bin ich Fahrgast, gehe ich zum Arzt, bin ich Patient, sitze ich in einem Café oder Restaurant, bin ich Gast. Für meine Freundin bin ich der Freund, für meinen Sohn der Vater und für meinen Hund das heiß geliebte Herrchen. Zudem bin ich für meinen Hindilehrer Schüler (und zwar einer, der ständig seine Vokabeln vergisst), und wenn ich durch die Weltgeschichte reise, bin ich Rucksacktourist. Wie man sieht, bin ich ein Verb, das dem Einfluss von Ort und Zeit unterliegt.

Mich als Fixum gibt es nicht. Ich schlüpfe lediglich in die Rolle, für die das Nomen steht. Ein Arzt ist nur Arzt, während er seine Patienten behandelt, ein Universitätsprofessor nur Universitätsprofessor, während er seine Vorlesungen hält. Im Übrigen sind auch diese beiden nichts als Fahrgäste, wenn sie im Bus sitzen, Passanten, wenn sie die Straße entlanggehen, Touristen oder Gäste. Wenn ein Arzt oder Professor sich auf ein Nomen wie Arzt oder Professor versteift, beschränkt er sich in seinem Selbstausdruck und beschneidet sich in seiner persönlichen Wahlfreiheit und Flexibilität.

Der Jesuitenpater Anthony de Mello erzählt folgende Geschichte:

Eine Frau lag im Koma, und plötzlich hörte sie aus der Ferne eine Stimme fragen: »Wer bist du?«

»Ich bin Cooper, die Frau des Bürgermeisters«, antwortete sie.

»Ich habe nicht gefragt, wie du heißt und wessen Ehefrau du bist. Wer bist du?«

»Ich bin Mutter von vier Kindern.«

»Ich habe nicht gefragt, wessen Mutter du bist. Wer bist du?«

»Ich bin Lehrerin an einer Grundschule.«

»Ich habe auch nicht nach deinem Beruf gefragt. Wer bist du?«

»Ich bin Christin.«

»Ich habe nicht nach deiner Religion gefragt. Wer bist du?«

Irgendwann erwachte die Frau aus dem Koma und wurde wieder gesund. Und sie änderte ihr Leben von Grund auf. Sie befreite sich von dem von ihr selbst definierten, limitierenden »Ich« und gestand sich viel mehr Bewegungsspielraum zu.

Das Selbstbild, für das wir uns halten, beeinflusst uns auch in umgekehrter Richtung. Wer von einem Unfall oder einer Krankheit eine körperliche Beeinträchtigung davonträgt, drückt sich womöglich das Etikett »Behinderter« auf und identifiziert sich mit dem, was man gemeinhin mit diesem Nomen verbindet. Wer die Diagnose Krebs erhält, wird von einem Moment zum nächsten zum Krebskranken, lebt als Krebskranker und beendet sein Leben als Krebskranker. Damit aber verschließt er sich sämtlichen anderen Möglichkeiten der Selbstentfaltung, die sich ihm, dem »Krebspatienten«, in jedem Augenblick bieten, was vielleicht noch schlimmer ist als die Tatsache, dass er an Krebs erkrankt ist.

Der in England gebürtige buddhistische Mönch Ajahn Brahm erzählt die Geschichte einer Bekannten, die an Krebs im Endstadium litt. Sie hängte einen Zettel an die Tür ihres Krankenhauszimmers: »Besucher streng verboten! Ausgenommen Ajahn Brahm.« Sie litt darunter, dass sie von allen als Krebskranke behandelt wurde. Ajahn Brahm war der einzige, der ihr einfach als Mensch begegnete. Einmal kam er und blieb etwa eine Stunde. Sie scherzten und lachten viel. Am darauffolgenden Tag schied sie lächelnd aus dem Leben. Er habe von dieser Frau gelernt, wie wichtig es ist, einander von Mensch zu Mensch zu begegnen, berichtet Ajahn Brahm.

Eine meiner Bekannten empfindet sich ständig als Opfer. Mag sein, dass sie irgendwann tatsächlich etwas erlebt hat, das ungerecht war oder sie als ungerecht empfand. Doch wenn sie von sich als Opfer spricht, tut sie es aus reiner Gewohnheit. Die Realität spricht eine ganz andere Sprache: Schon als Schülerin ging sie ins

Ausland, machte dort Abitur, studierte an einer weltweit renommierten Universität und zog bereits mit Mitte zwanzig ihren Traumjob als Managerin an Land. Warum fühlt sie sich permanent als Opfer?

Viele definieren sich über ihre schwierige Kindheit, ihre Misserfolge oder schmerzlichen Erlebnisse und legen diese gewohnten Rollen nicht ab. Wie leicht kann es passieren, dass wir uns zu den »Hässlichen« zählen; zu den »Dicken«, »Alten«, »Habenichtsen« und so weiter, obwohl doch jeder, der die Straße entlanggeht, Fußgänger ist; oder Fahrgast, wenn er im Bus sitzt, oder Leser, wenn er ein Buch liest.

Was Freiheit wirklich bedeutet, erleben wir in dem Moment, in dem wir uns von unserem Selbstbild lösen. Allein, dass wir existieren, sollte uns aufblühen lassen, denn unser wahres Selbst jenseits von materiellem Besitz und gesellschaftlicher Stellung ist klar wie der See und dynamisch wie das Meer. Zu Recht schreibt Elisabeth Kübler-Ross, Autorin von *Geborgen im Leben:* »Ob wir am Anfang oder am Ende unseres Lebens sind, auf der Höhe des Ruhms oder in den Niederungen der Verzweiflung, wir sind trotzdem immer die Menschen hinter unseren Lebensumständen. Sie sind, was Sie sind, und nicht Ihre Krankheit oder Ihre Tätigkeit. Im Leben geht es darum, was man ist, nicht was man tut.«

Es gibt Professoren, die selbst nach ihrer Emeritierung an ihrem Selbstbild als Professor festhalten, und Minister, die sich, kaum ein Jahr im Amt, bis an ihr Lebensende Minister nennen lassen – und das, obwohl wir unserem wahren »Ich« erst dann begegnen können, wenn wir dieses Rollenspiel hinter uns lassen. Ich kenne auch viele, die sich als ein Mensch geben, »der die Wahrheit erkannt hat«. Sie haben ein Alter Ego abgelegt, bloß um es durch ein anderes – das des »Erleuchteten« – zu ersetzen.

Vor einiger Zeit ging ich mit einer Gruppe von Führungskräften auf eine Trekking-Tour in den Himalaya, und mit einigen der Teilnehmer hatte ich meine Schwierigkeiten, weil sie nicht ein einziges Mal hinter ihr Selbstverständnis als »Manager« zurücktreten konnten. Ob im Shuttlebus oder im Tiefschnee – nie waren sie einfache Wanderer, sondern immer VIPs. Als ich sie, wie vor unserem Aufbruch angekündigt, zu einer primitiven Hochgebirgsschutzhütte führte, behagte das den hohen Herren ganz offensichtlich nicht. Ihr beschränktes Selbstbild behinderte sie auf der gesamten Tour, und das, obwohl sie sie freiwillig mit dem Ziel angetreten hatten, über die sich dabei zwangsläufig ergebenden Entbehrungen ein Stück näher zu sich selbst zu finden.

Andererseits gibt es Menschen, die auf ihren »Prominentenstatus« keinen besonderen Wert legen, wie etwa die Schauspielerin Hye-Ja Kim. Für sie ist ihre Bekanntheit eher wie ein ungeliebtes Kleidungsstück, das die Welt ihr überstreift. Sie ist spontan genug gewesen, um mit aufs Dach eines Busses zu klettern, der uns auf eine spannende Überlandfahrt nahm, und dabei die ganze Zeit zu lachen. Das und die ungekünstelte Art, wie sie sich vor einen langhaarigen Sadhu setzte und ihn nach der Quintessenz des Lebens fragte, sind Szenen, die ich nie vergessen werde.

Alles spirituelle Streben beginnt mit der Frage: »Wer bin ich?« Dieser Frage muss eine andere vorausgehen: »Wer bin ich nicht?« Sonst würden wir antworten, wir seien Universitätsprofessor oder

Schauspielerin, und nur von unseren Rollen reden und nicht von dem, was uns im Wesenskern ausmacht. Wer sich selbst an solche Etiketten klammert, starrt auch bei anderen auf Position und Status und beurteilt sie danach.

Wenn wir unsere Rolle und gesellschaftliche Stellung mit unserem Selbst verwechseln, entsteht in unserem Inneren eine Leere, die gefüllt sein will – mit immer neuen Dingen, mit denen wir uns schmücken können; mit Macht und Status, ja womöglich gar mit der Optimierung unseres Aussehens durch Schönheitsoperationen. Wer sich auf diesen Weg begibt, endet irgendwann als strohgefüllte Puppe.

Bei einem seiner Vorträge wurde der Psychotherapeut Thomas Moore dem Publikum mit folgenden Worten vorgestellt: »Ich will Ihnen sagen, was unser heutiger Redner nicht ist. Er ist kein Künstler, kein Lyriker, kein Wissenschaftler, kein …«

Als Moore hörte, was er alles nicht sei, fand er das zunächst ein wenig ungerecht. Hielt er nicht Seminare an der Uni? Müsste er da nicht wenigstens als Wissenschaftler gelten? Doch genau genommen fühlte er sich nicht als solcher, und die ungewöhnliche Ankündigung des Veranstalters passte irgendwie zum Thema, über das er reden wollte: »Wie befreien wir uns von unseren Identifikationen?« Wenn wir uns fragen, wer wir nicht sind, können wir zu den erstaunlichsten Erkenntnissen gelangen, so lautete sein Fazit.

Im Grunde fühlt der Mensch sich unfrei, wenn er über eine bestimmte Rolle definiert wird, und er sehnt sich nach Befreiung. Wir sind ein unendlich dynamischer Kosmos voll schwirrender Kometen, Vogelgezwitscher, Träume und Fantasien. Wir sind zugleich

Staubpartikel, die im Sonnenlicht tanzen, und das gigantische Universum. Wir sind der Wind, der an den Bäumen rüttelt, und die Wellen, die sich an den Klippen brechen.

In unserem »Ich« gibt es nichts Festgefügtes. Wenn wir das begreifen, entdecken wir, statt ins Leere zu stürzen, unsere ureigene Dynamik. Und schon kommen wir ins Hier und Jetzt und fangen zu spielen an.

»Ich« ist ein Verb, dessen Bedeutung sich von einem Moment zum anderen ändert. Es ist immer im Fluss. Ich bin nicht meine Vergangenheit, ich bin jetzt, in diesem Moment. Würde ich die Bezeichnung »Schriftsteller« als fest gefügten Rahmen betrachten, würde sie zum toten Nomen verkommen. Der Tod ist das einzige Nomen, das nicht zum Verb werden kann. Begegne ich jemandem, der keine Ahnung hat, dass ich Schriftsteller bin, fühle ich mich befreit. Nur wenn ein Fremder einem Fremden gegenübersteht, begegnen sich Mensch und Mensch, reines Sein und reines Sein.

HALLO, MEINE SEELE, GEHT ES DIR GUT?

Ich nehme nur selten Bücher mit auf Reisen, und das nicht etwa, weil mein Motto »Die Welt ist ein Buch« wäre. Es bereitet mir einfach Freude, in den örtlichen Buchhandlungen zu stöbern. *Oxford Bookstore* oder *Bookworm* in Delhi und Kalkutta, *Strand Bookstore* in Manhattan, *Junkudo* in Tokyo, *Pilgrims* in Kathmandu – in Läden wie diesen bringe ich gern einen oder zwei Tage mit Schmökern zu, und sie zu besuchen gehört auf meinen Reisen zum Pflichtprogramm. Es ist mir unvergessen, wie sehr ich mich freute, als ich während des Bürgerkriegs in Sri Lanka in einer kleinen Stadt eine Buchhandlung entdeckte. Wenn ich eines meiner übersetzten Bücher entdecke, dann meist in genau solchen Läden.

Einige alteingesessene Buchhandlungen haben mittlerweile geschlossen, und obwohl an ihre Stelle Modeboutiquen oder Handyläden getreten sind, sehe ich mich dort noch immer vor den Regalen stehen und in den Büchern blättern. An den Orten, an denen wir uns aufgehalten haben, und sei es noch so kurz, bleibe ein Teil unserer Seele zurück, schreibt Patrick Modiano in seinem Roman *Die Gasse der dunklen Läden*. Auch in Büchern nistet sich die Seele ein – die des Autors wie des Lesers.

Als ich das letzte Mal in Delhi war, habe ich in einer Buchhandlung im Khan Market ein Exemplar von Thomas Moores *Der Seele Raum geben* erstanden, und es hat mich während der gesamten Reise wunderbar begleitet. Aufgrund von Nebel verspätete sich mein Zug um vierzehn Stunden. Ich saß die ganze Zeit im Warteraum am Bahnhof und las, und das Buch gab meiner Seele im wahrsten Sinn des Wortes Raum. *Der Seele Raum geben* heißt, auf sie zu achten und sie zu nähren, so wie man mit gutem Essen und Bewegung für das Wohl des Körpers sorgt.

Nach Thomas Moore, der unter anderem zwölf Jahre lang Mitglied des katholischen Servitenordens war, beginnt das Leiden des Geistes mit der Vernachlässigung der Seele. Um unseren Körper kümmern wir uns hingebungsvoll, unsere Seele aber stellen wir auf sträfliche Weise hintan. Die psychischen Leiden von Moores Klienten waren in den meisten Fällen auf eine Missachtung der seelischen Bedürfnisse zurückzuführen. Kommt die Seele zu kurz, stellen sich Gefühle der eigenen Bedeutungslosigkeit ebenso ein wie Antriebslosigkeit, Beziehungsfrust, Selbstvorwürfe, Aggressivität und Sucht. Die Seele ist krank, weil ihr etwas Wichtiges fehlt, das dem Leben erst die Kraft zum Leben gibt.

In *Der Seele Raum geben* erzählt Moore die Geschichte eines Mannes, der seiner Freundin nach einem Streit einen Brief schreibt, in dem er sie mit Vorwürfen überhäuft und ihr die Beziehung aufkündigt. Bevor er bei ihr eintrifft, ruft er sie an und bittet sie, ihn nicht zu lesen, was sie auch macht. Sie zerreißt das Kuvert ungeöffnet und wirft es weg. Zwar packt sie die Neugier, und sie ist versucht, die Papierfetzen aus dem Papierkorb herauszusuchen und sie Wort für Wort zusammenzufügen, aber sie gibt dem Impuls nicht nach und trägt den Müll hinaus. Die beiden bleiben ein Paar. Beide haben sich entschieden, sich ihrer Seele anzunehmen. Nach Platon ist die wichtigste Aufgabe der Seele zu leben.

Üben wir, unsere Sorgen loszulassen, erweisen wir unserer Seele einen Dienst. Ein Schreiner hatte den Auftrag, eine Farm zu renovieren. Schon am ersten Tag lief alles Mögliche schief. Er trat auf einen Nagel und verletzte sich am Fuß. Eine elektrische Säge ging kaputt, und mit der Handsäge dauerte die Arbeit länger als geplant. Zu allem Übel sprang dann am Abend auch noch sein altes Auto nicht an. So kam es, dass sein Chef ihn nach Hause fuhr. Er war so frustriert, dass er während der Fahrt kein einziges Wort herausbrachte.

Vor seinem Haus angekommen, bat er den Chef auf einen Sprung herein, um ihm seine Familie vorzustellen. Auf dem Weg zur Tür blieb er an einem Baum stehen und umfasste das Ende eines Astes mit den Händen. Sofort war er wie ausgewechselt. Als er aufschloss, war alle Erschöpfung aus seinem Gesicht gewichen. Mit strahlendem Lächeln küsste er seine Frau und umarmte seine beiden Kinder, die ihm entgegenliefen.

Nach dem Besuch begleitete er seinen Chef hinaus zum Wagen. Als sie an dem Baum vorbeikamen, fragte ihn sein Chef, was es mit der Berührung des Astes auf sich habe.

»Ach das …« Er lächelte. »An diesen Baum hänge ich meine Sorgen. Ich weiß, dass es bei der Arbeit immer irgendwelche Probleme gibt. Aber ich kann und will sie nicht zu meinen Kindern und meiner Frau mit nach Hause nehmen. Deswegen hänge ich sie abends immer an diesen Baum, bevor ich ins Haus gehe. Und am nächsten Morgen nehme ich sie wieder mit zur Arbeit. Meistens sind sie bis dahin aber verschwunden. Keine Ahnung … vielleicht weht der Wind sie weg.«

Unsere Seele verliert ihre Fähigkeit, sich zu freuen und unbeschwert zu lachen, wenn wir sie mit trivialen Alltagsproblemen befrachten. Wir sollten uns das dringend abgewöhnen! Der Unendlichkeit in uns kommen wir nur näher, wenn wir auf sie achten und sie zur Entfaltung bringen, denn ein Teil von ihr lebt zwar im Jetzt, ein anderer aber in der Ewigkeit.

Was würde wohl einer, der von irgendwo ganz oben auf uns hinunterschaut, zu unserem Leben sagen? Würde er womöglich glauben, wir hätten unsere Seele verloren?

Es war einmal ein Mann, für den die Arbeit an erster Stelle stand. Essen, schlafen, arbeiten, mehr machte er nicht im Leben, und manchmal empfand er eine große Leere. Eines Nachts wachte er auf und konnte kaum atmen. Er wusste weder, wo er war, noch kannte er seinen Namen. Es fühlte sich an, als wäre niemand in ihm. Am nächsten Tag ging er zum Arzt.

»Ihre Seele konnte mit Ihrem Tempo nicht Schritt halten und ist irgendwo auf der Strecke geblieben«, befand der Arzt. »Ihre Seele hat Sie verloren, und Sie haben Ihre Seele verloren. Das passiert oft. Die Seele weiß, dass sie ihren Menschen verloren hat. Der Mensch aber merkt oft nicht, dass er seine Seele verloren hat, und lebt einfach weiter vor sich hin.«

Und er gab seinem Patienten den folgenden Rat: »Es gibt einen Ort, der nur für Sie bestimmt ist. Gehen Sie dorthin und warten

Sie dort. Ihre Seele sucht wahrscheinlich nach Ihnen, und sie wird sich dorthin begeben. Es ist ein Ort, an dem Sie vor einigen Jahren gewesen sind. Es kann sein, dass Sie etwas länger warten müssen. Sonst gibt es nichts, was ich für Sie tun kann. Medikamente helfen in Ihrem Fall nicht.«

Der Mann tat, wozu ihm der Arzt geraten hatte. Er fuhr an den Stadtrand an einen Platz, den er besonders mochte. Dort setzte er sich auf eine Bank und wartete. Er tat nichts anderes. Er saß nur da und wartete. Tage vergingen, Wochen, Monate, und die Jahreszeiten wechselten einander ab.

Eines Nachmittags ließ ihn ein Geräusch aufschauen, und da stand sie vor ihm – die Seele, die er verloren hatte, erschöpft, schmutzig und ziemlich heruntergekommen. »Endlich!«, seufzte sie.

Das ist die Geschichte, die die polnische Schriftstellerin Olga Tokarczuk und die Illustratorin Joanna Concejo in ihrem Werk *Die verlorene Seele* erzählen.

Ein Buch lesen, reisen, kreativ sein, in die Natur gehen - mit solchen Aktivitäten bauen wir unsere Seele auf. Gesundes Essen, erbauliche Gespräche, Erfahrungen, die uns nicht nur im Gedächtnis haften bleiben, sondern uns begeistern – auch das ist Seelennahrung. Kunstsinn zu entwickeln, also alltägliche Handlungen mit besonderer Achtsamkeit und ästhetischem Gespür auszuführen, wie etwa bei einer Teezeremonie, trägt ebenfalls zur seelischen Entfaltung bei, denn es ermöglicht uns, uns der Welt auf einer tieferen Ebene zu nähern. Der Kauf einer Ware wird so zur Seelenangelegenheit. Auf die Seele zu achten heißt, durch den Wald zu laufen, statt von Einkaufszentrum zu Einkaufszentrum zu hetzen.

Eine Frau wandte sich Rat suchend an ihren spirituellen Lehrer, weil sie seit Langem eine große Traurigkeit in sich spürte. Nachdem er sich alles angehört hatte, gab er ihr eine Schaumstoffrolle und trug ihr auf, sie in den Fluss zu werfen, was die Frau sogleich tat. Als sie sich mit Wasser vollgesogen und entfaltet hatte, schwamm ein kleiner Fisch heraus. Er hatte in dem Rest Feuchtigkeit, der im Schaumstoff noch enthalten war, mehr schlecht als recht überlebt. Nun aber hatte er endlich den Fluss erreicht und war gerettet. Die vertrocknete Seele in klares, frisches Wasser zu setzen wie diesen Fisch – das heißt, sie zu nähren.

Unser Leben mag neu sein, aber wie alt unsere Seele ist, wissen wir nicht. Sie gut zu behandeln heißt, uns dafür zu interessieren, wie es in unserem Inneren aussieht, und zu begreifen, dass wir kein Körper mit Seele sind, sondern eine Seele mit Körper.

DAS WIEDERSEHEN – EIN WUNDER

Im Frühling hatte ich im Garten Currypflanzen gesetzt, und sie war wohl als Larve mit der Erde mitgekommen. Jedenfalls sprang sie mir auf die Schulter, als sich die gelben Blüten öffneten. Ich erschrak und sie ebenfalls – eine kleine, hellgrüne Laubheuschrecke mit noch schwachen Fühlern.

Seitdem liefen wir uns ab und zu über den Weg. Ich hielt nach ihr Ausschau, denn ich wollte wissen, wovon sie sich ernährte und ob sie alleine lebte. Schauten mich ihre Facettenaugen aus einer Tarnung von Laub und grünen Halmen an, freute ich mich jedes Mal. Mit der Zeit wuchs sie zu einer großen Heuschrecke mit langen Hinterbeinen heran und hatte ihre letzte Häutung absolviert.

Ich zog das Insektenlexikon aus dem Regal und las, dass die Ohren der Laubheuschrecke nicht einmal einen Millimeter lang sind, die Tiere aber über weite Entfernungen den Unterschied zwischen den Rufen von Artgenossen und den Ultraschalllauten jagender Fledermäuse erkennen können.

Doch damit der Überraschungen nicht genug! Wie ich mit dem Lexikon im Schoß auf meinem Stuhl im Garten saß, sprang die Heuschrecke plötzlich herbei und setzte sich mir auf den

Handrücken. Wenn das keine Synchronizität im Sinne von C. G. Jung war!

Der nämlich berichtet, wie er einmal mit einer Patientin über den Skarabäus sprach, den die alten Ägypter als heilig verehrten. Die Frau hatte geträumt, wie ihr jemand ein Schmuckstück in Form des goldenen Käfers schenkte. Jung saß mit dem Rücken zum Fenster, als er hinter sich ein leises Klopfen hörte. Sobald er sich umdrehte, sah er ein gold schillerndes Insekt von außen gegen die Scheibe fliegen. Er öffnete das Fenster und fing es ein. Wie sich herausstellte, handelte es sich um einen gemeinen Rosenkäfer. »Es war die nächste Analogie zu einem goldenen Skarabäus, welche unsere Breiten aufzubringen vermochten«, schreibt er.

Jung bezeichnete solche scheinbar zufälligen Zwischenfälle als »Synchronizität« und fand im Rahmen seiner Forschungen bestätigt, dass es sich dabei nicht um bloße Koinzidenzen, also zufällige Ereignisse, handelt, sondern sie sich immer dann ergeben, wenn unsere Realität und eine weitere Realität jenseits der unseren miteinander in Berührung kommen.

Wusste diese Heuschrecke etwa um eine Möglichkeit, sich mit einer anderen, mir unbekannten Realität zu verbinden? Ich hatte keine Ahnung, wie ich sie ansprechen sollte, und so betrachtete ich sie einfach, wie sie auf meinem Handrücken saß. Sie tastete sich allmählich bis zu meinem Ärmel vor, dann blieb sie wieder sitzen. Mit der Art und Weise, wie sie ihre Fühler hin- und herbewegte, vermittelte sie mir den Eindruck, dass sie mir etwas sagen wollte.

»Ich bin hier und nicht in deinem Buch. Wenn du etwas über mich wissen möchtest, müssen wir unsere Körper tauschen. Du musst ich werden. Die Zeichnung von meinen Sprungbeinen zu betrachten und tatsächlich durch die Luft zu schwirren, das ist doch nicht dasselbe!«

Gesagt, getan. Wir tauschten wirklich unsere Körper. Mit der Fingerspitze strich ich der Heuschrecke sanft über die Beine, und dann schlüpfte ich in sie hinein, wie sie mir geraten hatte. Ihre Hinterbeine wurden zu den meinen. Mit ihren Augen sah ich, wenn auch nur für einen kurzen Augenblick, ihre runde Welt. Dann sprang sie weg.

Es heißt, man könne etwas sehen, das für andere unsichtbar ist, wenn dieses »Etwas« sich wünscht, von uns gesehen zu werden. Als sich die Heuschrecke auf meine Hand setzte, wollte sie mir vielleicht zu verstehen geben, dass ich zwar etwas größer sei als sie und mein Körperbau und Nervensystem ein wenig komplexer, wir uns aber im Übrigen gar nicht so sehr unterscheiden.

Es gab Tage, an denen die Heuschrecke auf dem Moskitogitter an meinem Fenster saß und zu mir ins Zimmer hereinschaute, als würde sie aus einem früheren Leben in mein jetziges schauen. Sie schien mir etwas erzählen zu wollen, was ich nicht zu deuten verstand. Vom Sommer bis in den Herbst hinein sang sie jede Nacht in meinem Garten, als wollte sie mich erinnern, dass das Universum ein grenzenloses Geflecht von ständig neuen Lernaufgaben ist.

Irgendwer hat mir einmal erzählt, wie ein Lehrer gerade mit einem seiner Schüler im Gespräch war, als ihm eine Biene in den Bart flog. Der Schüler erschrak, doch der Lehrer meinte, das Insekt sei ein Bote aus der spirituellen Welt. Es habe eine Nachricht zu überbringen. Von da an hielt der Schüler Augen und Ohren auf und achtete auf das, was in seiner Umgebung geschah. So fiel ihm auf, dass jedes Mal, wenn er auf dem Weg zu seinem Lehrer war, ein Insekt – sei es eine Biene oder ein Schmetterling – herbeigeflogen kam.

Ich kann nicht mehr sagen, wann genau es war, aber es lag noch kein Reif, als ich die Heuschrecke eines Tages mit kraftlosen Fühlern und eingezogenen Vorderbeinen im Laub liegen sah. Ich hob sie behutsam auf, aber sie bewegte sich nicht. Wir begegneten uns mitten in der Stadt und wurden gute Freunde. Der Abschied kam zu früh.

Ich legte sie in das bereits welkende Currykraut, und sie flüsterte mir zu: »Ich bin nicht tot. Ich tu nur so als ob. Im Frühling komme ich wieder.«

Gut möglich, dass es stimmt. Vielleicht stellt sich alles Lebendige nur tot, wenn die Zeit gekommen ist. In dem Dorf auf dem Land, in dem ich aufgewachsen bin, gab es einen Mann, der sich bereits zu Lebzeiten sein Grab ausgewählt hatte und sich gern an diese Stelle legte. Nachdem er gestorben und dort begraben worden war, fragte ich mich manchmal, ob er vielleicht nur vorgab, tot zu sein.

Genau genommen gehen wir nirgendwohin. Wir sind immer hier. Mal tauschen wir unseren Körper mit dem eines Insekts, mal mit dem eines anderen Menschen. Nach der Begegnung mit der Heuschrecke denke ich beim Gedanken an meinen ersten spirituellen Lehrer, der seinen Leib viel zu früh verlassen hat: »Ihr tut doch nur so, als wäret ihr tot!«

Wenn ich sein Foto betrachte und in seine großen Augen schaue, habe ich das Gefühl, dass er sich wirklich nur tot stellt. Gleiches gilt für andere Lehrer und meine Mutter, die vor drei Jahren von uns gegangen ist. Und auch für meinen Hund »Neugier«, der vierzehn Jahre lang sein Leben mit mir teilte, bis er vor ein paar Tagen verschied.

»Hallo, mein Neugier, du tust doch nur so, als wärest du tot! Du hast mich doch nicht für immer verlassen!«

Ich weinte, als er mir einen letzten Blick zuwarf, bevor er den Kopf für immer sinken ließ und mir, schon auf dem Weg in die Ewigkeit, zuraunte: »Ja, du hast recht. Ich tu nur kurz so, als wäre ich tot, bis mich das Rad der ewigen Wiederkehr an diesen Ort zurückführt …«

Ich hoffe sehr, dass sich dies alles nicht allzu literarisch liest, denn ich beabsichtige keinesfalls, den Tod poetisch zu betrachten. Es geht mir vielmehr darum, die Botschaft meiner Heuschrecke weiterzugeben, dass das, was wir Geburt und Tod nennen, nichts weiter als eine Metamorphose ist. Es muss so sein, denn was könnte uns sonst zu einem solch erbarmungslosen Ende führen?

Zu diesem Fazit war ich gekommen, und ich dachte nicht mehr an die Heuschrecke, als der nächste Sommer kam. Wie ich so durch den Garten ging, sah ich plötzlich zwischen den Currypflanzen etwas Hellgrünes schimmern. Kaum zu glauben! Da saß tatsächlich die Laubheuschrecke! So sahen wir uns wieder – ein Wunder! Wer weiß, ob nicht eines Tages noch ein weiteres geschieht und wir beim nächsten Wiedersehen im Körper des anderen stecken, die Laubheuschrecke mit meinem langen Haar und ich mit ihren hellgrünen Beinen?

Ich bin noch nicht zu sterben bereit, aber ich lerne allmählich, dem Tod zu vertrauen, so wie ich dem Leben vertraue. Einen ewigen Abschied wird es nicht geben. Darum meine Bitte an alle: Nehmt nicht für immer Abschied von mir. Wo sollte ich denn hin, wo ich doch nur diesen Ort hier habe? Ich hoffe, dass in meinen letzten Momenten einer da ist, der sagt: »Shiva Ryu tut jetzt nur so, als ob er tot wäre.« Dann werde ich mich tot stellen wie die Heuschrecke und meines Weges gehen.

Auf dem Weg der Verwirklichung gibt es nur zwei Dinge, die wir falsch machen können. Das eine ist, ihn nicht anzutreten, das andere, ihn nicht bis ans Ende zu gehen. Welchen Weg du auch gehst, werde eins mit ihm. Du musst erst selbst zu diesem Weg werden, bevor du ihn

4

gehen kannst. »Wenn du etwas versuchst«, schreibt der amerikanische Dichter und Schriftsteller Charles Bukowski, »setze alles ein […] du wirst das Leben auskosten bis zum perfekten Gelächter, es ist der einzige gute Kampf, den es gibt.«

WELCHEN WEG DU AUCH GEHST, WERDE EINS MIT IHM

Während meines Studiums übernachtete ich oft auf dem Rasen des Campus, weil ich mir nicht immer ein Zimmer leisten konnte. Wenn es regnete oder kalt war, stieg ich heimlich durch ein Fenster in einen Pausenraum der geisteswissenschaftlichen Fakultät ein, hängte die Gardinen ab und deckte mich damit zu. Morgens stand ich beizeiten auf, hängte die Gardinen wieder auf und schlich mich davon. Ich wirkte entsprechend heruntergekommen. Ich hatte bereits angefangen, mir die Haare wachsen zu lassen; die Sohlen lösten sich von meinen Schuhen und klapperten bei jedem Schritt, und weil die Nächte kalt waren, trug ich selbst im Sommer meinen schwarzen Mantel.

So wie ich aussah, hätte mich keiner für einen Studenten gehalten. Mein Stolz ließ es jedoch nicht zu, irgendwem von meiner prekären Lage zu erzählen, und daraus ergaben sich so manche Missverständnisse. Einer meiner Professoren, der sich zwar mit Literatur auskannte, aber weniger mit dem Leben, stellte mich öffentlich bloß, indem er behauptete, ich würde diesen heruntergekommenen Look bewusst wählen, um mich als Literat zu gerieren. Auch gab es nicht wenige Kommilitonen, die mich für komplett gestört hielten und jeglichen Kontakt mit mir mieden. Einer von ihnen – er war zwei oder drei Semester über mir – machte keinen Hehl aus seiner Abneigung. Anders als ich trug er stets ein sauberes Hemd und einen Anzug mit Krawatte. Dazu schleppte er auf Schritt und Tritt eine Aktentasche mit sich herum, deren Griff er so fest umklammert hielt, dass er einen Krampf in der Hand riskierte. Er sah in mir nichts als einen dekadenten Realitätsverweigerer.

Er nutzte jede Gelegenheit, um mich zu kritisieren, und wenn er auf mir herumhackte, stand ich still vor ihm, fixierte den Blick auf irgendeinen Punkt in seinem Gesicht und schaute durch ihn hindurch. Ich empfand ihn als scheinheilig. Er nannte sich einen Anhänger der Aufklärung, hatte aber noch nicht einmal die Gedichte von Baudelaire und Rimbaud gelesen! Eines Tages brachte die Campuszeitung, deren Chefredakteur er war, einen Artikel über mich heraus. Ich sei ein Penner und meine Anwesenheit auf dem Campus ein solcher Schandfleck, dass es einem den Anblick des herrlichen Frühlings mit den sich eben öffnenden Magnolienknospen vergälle. Der Gipfel unserer Feindschaft war erreicht. Am liebsten wäre ich mit einer Kettensäge bewaffnet in die Redaktion gestürmt und hätte alle Schreibtische zersägt! Doch ich konnte meine Energie nicht auf solche Lappalien verschwenden. Ich brauchte sie für die Literatur. Und so beließ ich es dabei, mir wütend die Haare aus dem Gesicht zu pusten, wie es sich für den Dekadenten gehörte, den alle in mir sahen.

Bis zu meinem letzten Tag an der Uni wechselte ich kein einziges Wort mehr mit diesem Kommilitonen. Wir waren füreinander

Luft, und als ich mit dem Studium fertig war, weinte ich dieser Zeit keine Träne nach. Während er nach dem Master promovierte, wanderte ich durch die staubigen Straßen Indiens, und als er erst Literaturkritiker und dann Professor für Koreanistik an unserer alten Uni wurde, lief ich mit einer Herde Ziegen durch die Täler des Himalayas. Nicht nur unser Leben, auch unsere Seelen waren völlig verschieden.

Zwanzig Jahre waren vergangen, als in einer Literaturzeitschrift eine Sonderausgabe über meine Gedichte erscheinen sollte. In diesem Rahmen war unter anderem ein Gespräch mit einem Literaturkritiker geplant. Und wer sollte es führen? Ausgerechnet dieser ehemalige Kommilitone! Nach all den Jahren war es an der Zeit, unsere alte Feindschaft zu begraben. Am Ende der Veranstaltung saßen wir eine Weile beisammen, und ich fragte ihn, warum er während des Studiums immer einen Anzug mit Krawatte getragen habe. Weil er so unglaublich arm gewesen sei, antwortete er. Was für eine Überraschung! Er erzählte weiter, dass er die Studiengebühren nicht hatte aufbringen können, weshalb er dringend auf die Stelle als Chefredakteur bei der Campuszeitung angewiesen war, um an ein Stipendium zu kommen. Dazu wiederum sei sein korrektes Outfit erforderlich gewesen. Er hatte in den Räumen der Redaktion übernachtet, weil er sich kein Zimmer leisten konnte.

Ich erzählte ihm, dass ich auch keine Unterkunft gehabt und im Frühling im Gestöber verwelkender Kirschblütenblätter als Obdachloser auf dem Campus gelebt hätte. Er lachte hell auf. Ich lachte mit. Er und ich – wir hatten viel gemeinsam. Unsere Seelen waren gar nicht so verschieden. Jeder von uns hatte versucht, das Beste aus seiner Lage zu machen. Während er sich die Schreibtische in der Redaktion zum Nachtlager zusammenschob, schlief ich, mit Gardinen zugedeckt, im Pausenraum. Doch unser Streben galt denselben Zielen. Wir waren beide von der Suche nach innerer Entfaltung getrieben – er ging den Weg auf seine Weise, ich ging ihn auf die meine.

Auf der Suche nach seinem wahren Selbst wendete ein Mann jeden Stein, rüttelte an jedem Baum, schaute sich jede Blume an und begutachtete alles und jedes, was ihm unter die Augen kam. Stets befand er: »Ich bin weder dies noch das«, und so schloss er eines nach dem anderen aus. Weder Fluss noch Meer, weder Blitz noch Sturzflut, nicht einmal ein riesiger Berg entsprach ihm. Wie hätte etwas, das ein bloßes Phänomen der Veränderung war, sein wahres Ich verkörpern können?

Name, Ehre, gesellschaftliche Stellung – das war es alles nicht. Auch irdische Begebenheiten und emotionale Erfahrungen schloss er aus. Nachdem er sämtliche Dinge auf Erden begutachtet hatte, erkannte er, dass alles Sichtbare nichts weiter war als ein substanzloses Phantom. In diesem Moment der Erleuchtung legte er den Kopf in den Nacken und schaute lachend zum Himmel auf. Zu begreifen, was sein wahres Ich nicht war, ließ ihn sein wahres Ich erkennen.

Ein anderer Mann begab sich ebenfalls auf die Suche nach seinem wahren Ich. Er erkannte sich in allem und jedem. Er war der Elefant und der Affe, der auf dem Elefanten ritt; er war der Papagei, der beim Anblick des Affen schrie, und der Mensch, dem sich dieser Papagei auf die Schulter setzte. Ob Berg, Fluss oder Feld, es gab nichts, worin er sich nicht erkannte.

»Ich bin sowohl dies als auch das«, befand er. Er lief bis ans Ende der Welt und schaute sich alles genau an und konnte nichts finden, was nicht er war. Als er dies erkannte, legte er den Kopf in den Nacken und schaute lachend in den Sternenhimmel. In der festen Überzeugung, dass alles er selbst war, erkannte er sein wahres Ich.

Beide hatten sich auf die Suche nach ihrem wahren Ich begeben. Der eine fand es, indem er eins nach dem anderen ausschloss, der andere, indem er sich in allem sah, was er laufend neu entdeckte.

Im Vedanta wird der Weg des ersten »Neti, Neti« genannt – der Weg der Verneinung. Der des zweiten heißt »Iti, Iti« – der Weg der Bejahung. Auf den ersten Blick scheinen sie verschieden zu sein, in Wirklichkeit aber sind sie identisch und führen ans gleiche Ziel. Auf dem Weg der Verwirklichung gibt es nur zwei Dinge, die wir falsch machen können. Das eine ist, ihn nicht anzutreten, das andere, ihn nicht bis ans Ende zu gehen. »Welchen Weg du auch gehst, werde eins mit ihm«, riet der Buddha seinem Schüler. »Du musst erst selbst zu diesem Weg werden, bevor du ihn gehen kannst.« Ob wir den Weg der Bejahung oder der Verneinung wählen, werden wir eins mit ihm und beschreiten wir ihn unbeirrt, finden wir am Ende des Weges alle Wege vereint.

»Wenn du etwas versuchst«, schreibt der amerikanische Dichter und Schriftsteller Charles Bukowski, »setze alles ein […] du wirst das Leben auskosten bis zum perfekten Gelächter, es ist der einzige gute Kampf, den es gibt.«

SPRACHLICHE REINHEIT – EINE FIKTION

Auf einem Gebirgstreck im Westen Nepals gelangte ich an ein Haus. Ich klopfte und bat um eine Mahlzeit, wie ich es gelegentlich tue, um mit den Einheimischen in Kontakt zu kommen. Wenn nicht gerade etwas Dringliches dagegenspricht, gehen die Leute meist gern auf meine Bitte ein, und ich habe auf diese Weise schon oft Quartier in einem der traditionellen Bauernhäuser gefunden.

Auch diesmal begrüßte ich die Bewohner in meinem holprigen, aber irgendwie doch fließenden Nepalesisch, während ich meinen vom Schweiß feucht gewordenen Rucksack auf den Lehmboden stellte. Als ich die Großmutter der Familie davoneilen sah und sie fragte, wohin sie denn gehe, rief sie: »Mul!« Ich verstand nicht. Samsana, die Enkeltochter, sprach Englisch, und sie erklärte mir, ihre Oma ginge zum Brunnen hinter dem Haus, um Wasser zu holen.

Ich stutzte. Wasser heißt auch in meiner Muttersprache »Mul«. Wie konnte eine alte Frau aus Nepal dieses koreanische Wort kennen? Ich fragte Samsana, ob jemand aus ihrer Familie einmal in Korea gelebt habe, was sie aber verneinte. Auf Nepalesisch hieße Wasser zwar »Pānī«, aber im Gurung-Dialekt, den ihre Familie spreche, sei »Mul« die Bezeichnung für »gutes Trinkwasser«. Es war erstaunlich.

Ich schreibe Gedichte und habe Koreanistik studiert und kenne mich ausgesprochen gut in der hochkoreanischen Sprache aus. Bewusst versuche ich, beim Schreiben Begriffe altchinesischen Ursprungs zu meiden und stattdessen rein koreanische zu verwenden.

Als ich anfing, Hindi zu lernen, stellte ich überrascht fest, dass ein Fragesatz dort beinahe genauso endet wie im Koreanischen. Und es gibt einige Wörter, die in beiden Sprachen sehr ähnlich klingen.

Die Sprachen der Welt treiben in einem einzigen, riesigen Pool, aus dem sich alle speisen, und ich habe erkannt, dass die Vorstellung von der »Reinheit der Sprache« nichts als eine egozentrische Fiktion ist. Und dies wiederum wirft Zweifel an dem auf, was ich »mein Eigen« nenne. Unhinterfragt benutze ich Formulierungen wie »mein Gedanke«, »mein Geist«, »mein Ich«, aber sind »meine Gedanken«, »mein Geist«, »mein Ich« wirklich die meinen?

Gedanken sind genauso ansteckend wie Sprachen. Die »eigenen Gedanken« in meinem Geist sind mit unzähligen Gedanken anderer vermischt. Inwieweit stimmt es überhaupt, wenn ich mich mit bestimmten Gedanken identifiziere und sage, »Das bin ich« oder »Das bin ich nicht«? Klammere ich mich möglicherweise an ein fixes Ich, das nichts weiter ist als eine in meinem begrenzten Geist geborene Illusion, wo doch das »Ich« sich in Wechselwirkung mit dem Außen permanent verändert? Eine Selbsttäuschung, die nur schwer zu enttarnen ist!

Um das »Ich« aufrechtzuerhalten, beharren wir darauf, dass unsere Sprache, unsere Gedanken und unser Wesen uns eigen seien und sich ergo von denen der anderen unterscheiden. Dabei haben wir selbst diese Annahme von anderen übernommen. Sprache, Gedanken und Geist sind in Wahrheit miteinander verbunden, ja sogar identisch; wo wäre das »Ich«, wenn ich all diese Inhalte herausnehmen würde? Wäre dieses »Ich« dann wirklich das »eigene Ich«? Wenn ja, warum hätte der Buddha dann so beharrlich darauf hingewiesen, dass es »das eigene Ich« nicht gibt und alles mit allem verbunden ist?

Unterscheidet sich unser »eigenes Ich«, von dessen Existenz ich persönlich überzeugt bin, tatsächlich von dem der anderen und dem universalen Wesenskern? Woran können wir erkennen, dass unsere »Ichs« nicht verschieden sind? Der in Indien übliche Gruß »Namaste« bedeutet so viel wie »Der Gott in mir verneigt sich vor dem Gott in dir«. Sind denn diese beiden Götter zweierlei?

Wenn ja, wer ist dieses »Ich« dann, das über das »Ich« schreibt? Bin »ich« »mein Ich«, das sich von »deinem Ich« unterscheidet? Existiert »mein Ich« wirklich?

Ach, wie herrlich ist es, in Gedanken auf solch selten betretenen Pfaden zu wandeln!

Nachdem die nepalesische Großmutter vom Brunnen »Mul« geholt hatte, bereitete sie mir ein Mittagessen mit Gemüse zu, das sie im eigenen Garten zog. Und während ich sie nach ihrem Alltag befragte, floss ab und zu ein weiteres koreanisches Wort in ihre Antworten ein.

DENK NICHT AN EINEN AFFEN

Ein Mann hatte monatelang meditiert, aber es war ein einziger Kampf gegen seine ungebetenen Gedanken gewesen, und er hatte keine nennenswerten Fortschritte erzielt. Also suchte er einen berühmten Lehrer auf und bat ihn, ihn in das Geheimnis der Meditation einzuweihen.

Der Lehrer sagte: »Es ist ganz einfach. Mach gar nichts, du brauchst nur dazusitzen. Allerdings solltest du auf keinen Fall an einen Affen denken.«

Das hörte der Mann gern. In seinem Dorf gab es keine Affen, und er konnte an einer Hand abzählen, wann er überhaupt je eines der Tiere gesehen hatte. Er setzte sich also hin, wie der Lehrer es ihm empfohlen hatte. Er durfte nur nicht an einen Affen denken. Nichts Leichteres als das! Er schloss die Augen und das Erste, was ihm einfiel, war ein Affe. Je mehr er versuchte, nicht an einen Affen zu denken, desto präsenter wurde das Tier in ihm.

Als er den Lehrer ein paar Tage später erneut aufsuchte, war er am Rande des Wahnsinns. »Bitte vertreibe den Affen aus meinem Kopf«, flehte er ihn an.

Da sagte der Lehrer: »Es ist ganz einfach. Denk beim Meditieren nur an einen Affen.«

Der Mann freute sich. An einen Affen denken? Nichts leichter als das! Er ging also nach Hause und setzte sich wieder hin. Er schloss die Augen und wollte an einen Affen denken, aber was vor seinem geistigen Auge erschien, waren nichts als Hühner, Kühe und Enten. Er holte tief Luft und versuchte es erneut. Aber wieder gelang es ihm nicht.

Ein Gedanke wird umso stärker, je mehr wir ihn zu unterdrücken versuchen. Es ist, als würden wir die Leute auf der Straße nicht im Vorübergehen grüßen, sondern uns ihnen in den Weg stellen. Ganz schön anstrengend, uns mit so vielen Menschen gleichzeitig anzulegen! Wie der Lehrer seinem Schüler zeigte, ist Meditieren nur möglich, wenn wir die Gedanken einfach betrachten und sie auf natürliche Weise kommen und gehen dürfen.

Als ich mit dem Meditieren begann, empfand auch ich den ständigen Kampf gegen die Gedanken als das Allerschwierigste. Was meine Körperhaltung anbelangte, konnte ich es durchaus mit Leuten aufnehmen, die seit Jahrzehnten praktizierten, aber es dauerte keine Minute, bis ablenkende Gedanken wie ein Rudel Affen über mich herfielen. Oft waren es skeptische nach dem Motto: »Was mache ich hier eigentlich?« Dicht gefolgt von anderen wie:

»Mach den Rücken gerade. Du sollst deine Gedanken einfach betrachten.«

»Denk nicht dauernd an die Vergangenheit oder Zukunft, konzentriere dich auf den gegenwärtigen Augenblick.«

»Dehne deine Atemzüge möglichst in die Länge. Einaaaaatmen … ausaaaaatmen …«

»Vielleicht hätte ich lieber nach dem Essen meditieren sollen? Ich habe jetzt schon Hunger!«

»Heute Abend mache ich mir Süßkartoffeln.«

»Jetzt sind deine Gedanken schon wieder abgeschweift. Komm zum Atem zurück. Du kannst dir später überlegen, was du heute Abend essen willst.«

»Warum sage ich eigentlich ›du‹ zu mir?«

»Was war das eben für ein Geräusch da draußen? Die Katze?«

»Ich werde sicher bald Krämpfe in den Beinen bekommen. Ich spüre schon jetzt, wie sie mir einschlafen.«

»Was bringt das Meditieren überhaupt?«

»Wie ist der Lehrer in der Geschichte ausgerechnet auf einen Affen gekommen? Gibt es vielleicht einen speziellen Zusammenhang zwischen Affen und Meditation?«

Rein äußerlich mag ich gewirkt haben, als wäre ich im Samadhi-Zustand, in Wirklichkeit aber schwirrte mir alles Mögliche durch den Kopf – von Süßkartoffeln bis Affen. Ungeduldige Gedanken nach dem Motto »Ich verschwende hier nur meine Zeit«, Selbstvorwürfe an mein willensschwaches Ich, die Skepsis, dass alles Positive, was man über das Meditieren sagt, womöglich aus der Luft gegriffen sei, ja sogar der irrwitzige Gedanke, dass ich vom Meditieren psychische Probleme bekommen könnte.

In einer Zeitschrift für Meditation erschien ein Beitrag, in dem die Crème de la Crème der westlichen Meditationslehrergilde ihre persönlichen Anfangsschwierigkeiten schildert.

Christine Hassler, Life Coach und spirituelle Beraterin, erinnert sich: »Ich habe mich pausenlos als unfähig kritisiert, weil es mir einfach nicht gelingen wollte, mit dem Denken aufzuhören.«

Suze Yalof Schwartz, Gründerin von Unplug Meditation, schreibt: »Es war unmöglich, während der Meditation ruhig sitzen zu bleiben. Mir war schrecklich langweilig. Ich dachte nur, dass ich meine Zeit vergeude.«

David Z., ein bekannter Lehrer für Achtsamkeitsmeditation, schildert seine Erfahrung so: »Während des Meditierens mussten wir jedes Mal die Hand heben, wenn wir an etwas denken. Und wenn man es tat, kam der Lehrer und versetzte einem mit einem langen Bambusstock einen Schlag auf den Rücken. Nach zwei Wochen habe ich zu meditieren aufgehört.«

Die Meditationslehrerin Lynne Goldberg berichtet: »Ich musste mich unaufhörlich fragen: ›Wie lange muss ich noch durchhalten?‹ Mein Mantra war ›Wie lange noch?‹ Mein Geist war wie ein wild umherspringender Affe, und die endlose Liste von Gedanken, die mir durch den Kopf gingen, reichte von dem, was ich noch zu erledigen hatte, über die Schmerzen in meinen Sitzknochen bis zur Selbstkritik.«

Auch Brett Larkin, die einen eigenen Yogastil entwickelt hat, gesteht: »Meine Waden und Füße schmerzten am meisten, und mein Rücken fühlte sich an, als hätte mir jemand mit dem Messer hineingestochen. Trotzdem bin ich weggesackt und in totalen Tiefschlaf verfallen.«

Lodro Rinzler, der an verschiedenen Universitäten Meditation unterrichtet, gesteht: »Ich wurde wahnsinnig ungeduldig, sobald ich mich zum Meditieren hingesetzt habe. Mein einziger Gedanke war, dass ich mich bewegen möchte.«

Jeff Kober, Schauspieler und Meditationslehrer, erzählt: »Je mehr ich versuchte, mit geschlossenen Augen in die Stille zu finden, desto lauter wurden meine Gedanken. Ich konnte meinen Geist einfach nicht zur Ruhe bringen.«

Tara Brach, Gründerin der Insight Meditation Community in Washington, D.C., erinnert sich: »Ich habe mir andauernd Vorwürfe gemacht, dass meine Meditation besser werden muss, und hielt mich für unzulänglich und unfähig. Deswegen war ich ständig angespannt und schaffte es nicht, für den jetzigen Moment dankbar zu sein, was dem Zweck der Meditation völlig entgegenlief.«

Wie konnten diese Leute dennoch zu weltbekannten Leitfiguren der spirituellen Szene werden?

Die Antwort ist ganz einfach. Sie haben das Meditieren nicht aufgegeben, obwohl sie sich mit ihren Gedanken, ihrer Skepsis und ihren Zweifeln auseinandersetzen mussten.

»Es ist völlig unwichtig, ob einem das Meditieren gut gelingt oder nicht. Allein der Wille zählt. Dieser Wille erfüllt den Sinn des Meditierens vollkommen«, sagt Yongey Mingyur Rinpoche, Lehrer des tibetischen Buddhismus.

Am Anfang dieses Essays stand die Geschichte von einem Affen, und so scheint es keine schlechte Idee, mit einer weiteren Affengeschichte zu enden.

Von April bis August ist in Indien Erntezeit für Mangos. Die Märkte quellen über von den köstlich süßen Früchten, die alle

Schwermut aus dem Leben vertreiben. Sie stammen ursprünglich aus Ostindien, wo sie in der Gegend um Assam seit zweitausend v. Chr. angebaut wurden. Dass die Mango als Indiens Nationalfrucht gilt, ist kein Wunder. Es gibt über einhundert verschiedene Sorten aus den verschiedenen Anbauregionen, die sich auch vom Geschmack stark unterscheiden. Die eine ist am besten, wenn sie gelb und reif ist, die andere in noch grünem Zustand und eine weitere – etwa die Gulab Khas – soll rosig sein wie eine Wange.

Es war einmal ein Dorf, in dem es mehrere Mangohaine gab. Nicht nur deren Besitzer sehnten den Sommer herbei, wenn die Bäume voll mit reifen Früchten hingen, sondern auch die Affen im angrenzenden Dschungel. Kaum dass die Mangos endlich golden zu glänzen begannen, fiel die Horde in den Hainen ein. Die Besitzer versuchten, sie mit Steinen davonzujagen, und die Schmerzensschreie der Tiere erfüllten die Gegend. Einer der Affen blutete am Kopf, ein weiterer floh mit einer Mango im Arm, wurde von einem Stein getroffen und stürzte der Länge nach hin …

Um das süße Obst, das ein Geschenk Gottes war, herrschte Krieg zwischen Menschen und Affen, und seit viertausend Jahren spielten sich überall, wo es reife Mangos gab, solche erbitterten Schlachten ab. Zum ersten Mal in all der Zeit trafen sich die Affen im Dschungel, um sich darüber zu beraten.

Kapi (Sanskrit für Affe), der Affenkönig, eröffnete die Sitzung. »Wir dürfen nicht mehr zulassen, dass die Menschen uns so schlecht behandeln«, sagte er. »Wir sind Nachkommen von Hanuman, dem Affengott, und wir waren es auch, die ihnen am Beginn von Himmel und Erde Kräuter aus dem Himalaya brachten, um ihre Wunden zu heilen. Aber seht euch an, wie sie uns, ihre Vorfahren, behandeln! Sie bewerfen uns mit Steinen, nur weil wir ein paar ihrer Mangos pflücken. Lasst uns gemeinsam überlegen, was wir unternehmen können.«

Der kluge Affe Kala meldete sich zu Wort: »Was wir brauchen, sind eigene Mangobäume. Hätten wir die, könnten wir Mangos essen, so viele wir wollen, und die Menschen hätten nichts dagegen einzuwenden. Ich habe gehört, dass Mangobäume aus den Kernen der Früchte wachsen. Die Menschen stecken sie einfach in die Erde, und schon entsteht ein Baum. Wir sollten einfach eine Mango stehlen und den Kern einpflanzen. Dann werden wir irgendwann unseren eigenen Mangobaum haben.«

Die Affen waren hellauf begeistert, und alle applaudierten.

Der Affenkönig befand: »Was für eine einfache Lösung! Wenn wir nur wollen, können wir uns aus unserem Unglück befreien. Zum ersten Mal in unserer Geschichte werden wir einen eigenen Mangobaum besitzen!«

Der jüngste und flinkste Affe wurde hinüber zu den Hainen geschickt. Während die anderen die Besitzer ablenkten, pflückte er eine große Frucht und kam pfeilschnell zurück.

In einem feierlichen Ritual gruben die Affen an einem sonnigen Platz ein Loch in die Erde, legten den Mangokern hinein und schütteten das Loch wieder zu. Dann setzten sie sich im Kreis um die Stelle herum und warteten.

Ein halber Tag verging, aber nichts deutete darauf hin, dass ein Baum aus der Erde sprießen würde. Die Affen konnten es nicht fassen. Die Zeit stand ihrer großen Vision entgegen und verging viel zu langsam! Aber sie gaben nicht auf, denn die Hoffnung war groß, dass sie bald in Hülle und Fülle eigene Mangos haben würden.

Ein ganzer Tag verging, aber es passierte nichts. Die Affenkinder verloren die Geduld und fingen an herumzulaufen. Ein weiterer Tag und noch ein Tag vergingen, doch nichts rührte sich. Selbst die erwachsenen Affen fingen an, sich an der Brust zu kratzen, und einer nach dem anderen verließ seinen Platz. Etwas war schiefgelaufen, soviel stand fest.

Einer derer, die dageblieben waren, schimpfte: »Ich kann nicht mehr warten! Was bringt es schon, hier zu sitzen und auf die Erde zu starren. Wir haben nichts, während drüben in den Hainen die Bäume voller Früchte hängen. Bald ist die Zeit der Mangos vorbei. Dann müssen wir wieder ein ganzes Jahr warten. Ein ganzes Jahr! Ist es so schlimm, ein paar Steine abzubekommen? Das Leben ist nun einmal so. Köstliche Süße, unter Schmerzen erkämpft – das ist die wahre Süße. Wisst ihr das denn nicht?«

Alle klatschten.

Der Affenkönig aber brüllte: »Geduld, wir müssen Geduld haben! Wisst ihr, warum wir Affen ein solches Leben führen? Weil uns die Geduld fehlt! Wir müssen mindestens fünf Tage warten, wenn wir unseren eigenen Mangobaum haben wollen.«

Fünf Tage vergingen, aber nichts tat sich. Alles blieb, wie es war.

Einer der Affen klagte: »Nun haben wir fünf Tage vergeudet, und nichts ist gewonnen. Wir müssen das Loch aufgraben und nachschauen, was schiefgelaufen ist.«

Unter Zustimmung aller gruben sie den Mangokern wieder aus und warfen ihn wütend zu Boden.

Der Affenkönig sagte: »Was seid ihr nur für Dummköpfe! Kein Wunsch kann innerhalb von fünf Tagen in Erfüllung gehen. Wir träumen von unserem eigenen Mangobaum und haben sogar einen Kern. Wenn wir bloß mehr Geduld hätten. Genau deshalb haben wir es in Tausenden von Jahren nicht zu einem eigenen Baum gebracht. Mindestens zehn Tage hätten wir warten müssen!«

Aber die Affen hörten längst nicht mehr zu. Schon hangelten sie sich von Baum zu Baum zu den Hainen hinüber, in denen die reifen Mangos lockten, und im Hagel prasselnder Steine taten sie sich daran gütlich.

Diese Fabel erzählte ein Lehrer seinem Schüler, der gekommen war, um bei ihm Meditieren zu lernen, aber schon nach ein paar Tagen wieder abreisen wollte.

SEI MIR WILLKOMMEN, EMOTION!

Quartiert man sich in Indien oder Sri Lanka in einer Herberge ein, findet man im Zimmer stets schon einen anderen Gast vor – den Gecko. Tagsüber aalt er sich draußen genüsslich in der Sonne, doch sobald der Abend naht, genügt ihm die kleinste Mauerspalte, um ins Haus zu kommen und sich einen Platz an der Decke oder Wand zu suchen. Geckos fressen Insekten, und wenn sie im Lichtkegel der Lampen mit ihrer Beute ringen, machen sie ziemlichen Lärm. Einmal ist ein Gecko mitten in meinem Gesicht gelandet, während ich im Bett lag. Es wäre gelogen zu behaupten, ein so kleines gelbes Reptil hätte mich kaum aus der Fassung zu bringen vermocht. Ich war zu Tode erschrocken und schrie laut auf! Natürlich bekam das Tier einen noch größeren Schreck als ich. Seither haben wir beide uns angewöhnt, bevor ich einschlafe, unseren jeweiligen Aufenthaltsort abzuchecken.

Die Besitzer der Herbergen zeigen sich gegenüber allen Lebewesen (mit Ausnahme der Gäste) entweder gnädig oder sind derart desinteressiert, dass sie sich keine Mühe machen, die Geckos aus ihren Häusern zu vertreiben. Einer hat es sich einmal sogar in meinem Rucksack gemütlich gemacht, und ich hätte ihn fast ohne

Visum nach Korea geschmuggelt. Um mich mit den Eindringlingen etwas anzufreunden, ging ich dazu über, ihnen Namen zu geben. Gecko Mer, Gecko Sen, Gecko Tel und so weiter. Sie tragen also alle denselben Familiennamen. »Hi Shiva Ryu, wo bist du so lange gewesen? Was tust du so viel beschäftigt?«, begrüßen die Geckos mich, wenn ich zurück ins Zimmer komme, worauf ich antworte: »Hallo, Gecko Mer, warst du schön brav? Hast du auch nicht mit deinen Geschwistern gestritten? Hallo, Gecko Sen, hallo, Gecko Tel, geht's euch auch gut?« Sie verdrehen dann ihre Knopfaugen, als würden sie mich verstehen. Seit ich sie persönlich ansprechen kann, haben wir zu einem freundschaftlichen Miteinander und einer ausgewogenen Balance zwischen Nähe und Distanz gefunden.

Das »Benennen« ist im Grunde eine spirituelle Praxis. Unser Geist ist wie eine Herberge, in der die verschiedensten Emotionen kommen und gehen. Es gibt welche, die wir freudig begrüßen, andere sind eher unerwünscht. Mit ihnen zieht Chaos in die Zimmer des Geistes ein. Sie machen Lärm, beschweren sich, treten mit dem Fuß gegen die Tür und vermiesen einem den Tag. Manche von ihnen verfolgen uns bis in den Schlaf. Sie dringen durch kleinste Ritzen in unser Unbewusstes ein, weshalb es so schwierig ist, sie zu vertreiben, und unmöglich, sie ganz auszusperren.

In der Achtsamkeitsmeditation wird empfohlen, solche Emotionen namentlich anzusprechen. Steigt Traurigkeit in uns auf, sagen wir: »Hallo, Traurigkeit, wie schön, dass du da bist. Sei mir willkommen.« Gleiches gilt für Unruhe und Angst: »Hallo, Unruhe, hallo, Angst.« Auch schmerzlichen Erinnerungen und Wut sprechen wir auf diese Weise an: »Hallo, Erinnerung, hallo, Wut. Willkommen. Da seid ihr ja wieder!« Sie zu begrüßen genügt. Wir brauchen nicht zu übertreiben und solchen Gästen unser Haus auf Dauer zu überlassen.

Benennen wir körperliche Empfindungen, etwa indem wir im Stillen »Juckreiz, Juckreiz« oder »Kopfschmerzen, Kopfschmerzen« denken, hören wir auf, uns mit ihnen zu identifizieren, uns in unserer Konzentration stören zu lassen und uns den damit einhergehenden negativen Emotionen auszuliefern. Die Schamanen altüberlieferter Glaubenstraditionen waren überzeugt, dass wir das, was uns Angst macht, bezwingen können, wenn wir dessen Namen kennen.

Einer Bekannten, die Nacht für Nacht an Juckreiz litt, habe ich die Methode empfohlen. Sie probierte es aus, nannte ihr Symptom »Juckreiz, Juckreiz«, statt sich zu kratzen, und stellte fest, dass ihre Beschwerden dadurch deutlich gelindert wurden. Sie betonte mehrmals, dass es wirklich so sei und sie es mir nicht bloß aus Höflichkeit sage, weil ich ihr die Methode ans Herz gelegt habe, woraufhin ich mich mit »Danke, Danke« bedankte.

Buddha, der von Schopenhauer, Nietzsche und Nikos Kazantzakis gleichermaßen verehrt wurde, ging mit dem namentlichen Ansprechen noch einen Schritt weiter. Er war tief in der Meditation versunken, als plötzlich der Dämon Mara erschien und ihn zum Kampf aufforderte, und obwohl ihm dies so kurz vor Erreichen der Erleuchtung ungelegen kam, begrüßte er ihn wie einen alten Freund. »Willkommen, Mara«, sprach er ihn mit seinem Namen an, während er ihm Tee reichte. »Wie ist es dir in letzter Zeit ergangen?«

Mara symbolisiert die negative Energie, die den Geist mit Emotionen wie Gier, Wut und Zweifel ins Leid zu stürzen vermag. Als der Buddha ihn aber namentlich begrüßte und ihm eine Schale Darjeeling reichte, verlor er den Kampfeswillen und zog sich zurück. Bis zu seinem Tod trat Mara immer wieder in Erscheinung, doch der Buddha schätzte ihn nie gering. Nie krümmte er ihm auch nur ein Haar. Ananda, der Lieblingsjünger Buddhas, ärgerte sich, weil der böse Mara ständig wieder da war, doch in den Sutren werden die Begegnungen des Buddhas mit dem Dämon stets als friedlich beschrieben. Dass der Buddha Mara, der gekommen war, um ihn an der Erleuchtung zu hindern, ein Sitzkissen und eine Schale Tee anbot, klingt durchaus glaubwürdig. Tee zu trinken, wenn aufgewühlte Emotionen und unnütze Gedanken im Anmarsch sind, wäre in der Tat eine friedliche Lösung.

»Benennen« heißt, Gedanken und Emotionen, die in uns aufsteigen, herzlich willkommen zu heißen und ihnen eine Schale Tee zu reichen. Auf diese Weise gelingt es uns, ihnen gegenüber wachsam zu bleiben und sie aus entspannter Distanz wahrzunehmen. »Benennen« bedeutet: »Ich nehme wahr, dass ich verärgert bin«, »Ich nehme wahr, dass es mich an der linken Fußsohle juckt«. Indem ich es benenne, nehme ich es klarer wahr.

Der Hindu-Gott Krishna ging mit seinem älteren Bruder Balarama durch einen tiefen Wald, und als die Sonne unterging, entschlossen sie sich, erschöpft von der Wanderung, zur Rast. Sie mussten abwechselnd Wache halten, denn dort draußen lauerten allerhand Gefahren. Krishna sollte zuerst schlafen und Balarama die Wache bis Mitternacht übernehmen. Dann sollte Krishna ihn ablösen und bis zur Morgendämmerung auf Posten bleiben.

Kaum war Krishna eingeschlafen, hörte Balarama ein Brüllen, und schon sprang ein Dämon aus dem Gebüsch. Balarama erschrak fürchterlich. Je größer seine Angst wurde, desto größer wurde auch der Dämon und desto lauter brüllte er. Vom Grauen übermannt, fiel er schließlich in Ohnmacht.

Als Krishna aufwachte und seinen Bruder auf dem Boden liegen sah, meinte er erst, er sei eingeschlafen, doch im selben Augenblick hörte er den Dämon brüllen. Er war riesig und durchbohrte Krishna mit seinem Blick. Der aber lächelte ihn an und sagte: »Hallo, mein Freund, willkommen. Was kann ich dir anbieten?«

Der Dämon brüllte, so laut er nur konnte. Krishna aber wiederholte einfach seine Frage, und jedes Mal, wenn er den Dämon so freundlich ansprach, wurde dieser kleiner und kleiner, bis er irgendwann ganz winzig war. Da hob Krishna ihn auf und steckte ihn sich in die Tasche.

Die Kunst des Meditierens besteht darin, in den Gedanken und Emotionen, die unseren Geist heimsuchen, keinen Feind zu sehen, sondern sie zu unserem Partner zu machen – zu einem Partner, der uns bei der Beobachtung unseres Geistes hilft. Dann werden wir erkennen: Ich ärgere mich zwar im Augenblick, aber ich bin kein ärgerlicher Mensch. Ich habe jetzt gerade Angst, aber ich bin kein ängstlicher Mensch. Ich bin nur kurz traurig, aber kein trauriger Mensch. Verweigern wir all den vielen Gedanken und Emotionen, die uns bewegen, den herzlichen Empfang, ziehen sie sich in die finsteren Ecken des Unbewussten zurück und verwandeln sich in Dämonen. Ich möchte nicht, dass sich Gecko Mer, Gecko Sen und Gecko Tel in Dämonen des Horrors verwandeln, sobald ich in meinem Zimmer das Licht ausschalte.

VON »LENCHAK« ODER DER KARMISCHEN SCHULD

In Tibet erzählt man sich die Legende von einem Otter, der in einem See in den Hochtälern des Himalayas lebt. In hellen Vollmondnächten kann man ihn mit einem Fisch im Maul auftauchen sehen. Eine Eule, die in der Nähe lauert, gleitet lautlos herbei und schnappt ihm den Fisch weg.

Auf den ersten Blick mag es so erscheinen, als würde die Eule dem Otter die Beute stehlen. Wer aber ein wenig länger auf seinem Beobachtungsposten verweilt, wird feststellen, dass er sie ihr freiwillig gibt. Mehrmals in der Nacht kommt er mit einem Fisch im Maul an die Stelle am Ufer, an der die Eule auf ihn wartet. Kaum ist er da, erhebt sie sich von ihrem Ast und holt sich ihre Mahlzeit ab.

Es scheint, als würde der Otter bei dem Spiel leer ausgehen. Er fängt Fische, um sie der Eule zu opfern. Aber damit nicht genug! Er fühlt sich von der Eule ständig unter Druck gesetzt. Selbst tagsüber geht er rastlos auf Jagd, um ihr ja genug Beute zu bringen. »Ich mag noch so großen Hunger haben«, sagt er sich, »zuerst muss die Eule zu fressen bekommen.«

Der Eule hingegen wird Nacht für Nacht ein üppiges Mahl frei Haus geliefert. Und sie schreit auch noch, wenn sich der Otter ein bisschen verspätet, woraufhin der sich noch mehr beeilt und sogleich wieder in die Tiefen des Sees hinabtaucht.

Man kann es drehen und wenden, wie man will – die Beziehung zwischen den beiden scheint extrem einseitig und ungerecht zu sein. Der Otter bezieht noch nicht einmal so etwas wie eine innere Befriedigung aus dem Ganzen, obwohl er die Forderungen der Eule doch laufend erfüllt. Im Gegenteil! Aus Angst, die Eule könnte ihn verlassen, wagt er sich nie weit hinaus in den See, sondern bleibt immer in der Nähe ihres Baums. Je mehr Mühe er sich gibt, desto herrischer wird sie und umso selbstverständlicher nimmt sie seine Gaben an. Ohne zu begreifen, warum, macht er sich sowohl körperlich als auch geistig zu ihrem Sklaven, und je fetter die Eule wird, umso ängstlicher und eifriger bemüht er sich, noch mehr Fische zu fangen. Die Eule aber wird immer unzufriedener und schraubt ihre Erwartungen höher und höher.

Dass dies so ist, liegt nicht etwa daran, dass der Otter schwach und die Eule stark wäre. Der Otter ist ein Nachttier und in der Dunkelheit in seinem Element. Er ist stark genug, um selbst einen Wasservogel an den Beinen in die Tiefe zu ziehen und zu fressen, was er auch ab und zu tut. Auch könnte er ohne Weiteres in den See abtauchen, wohin ihm die Eule nicht folgen kann. Kaum aber hört er ihren Ruf, zieht es ihn in ihren Bann.

Die Beziehung zwischen Otter und Eule beruht auf dem, was man im Tibetischen als »Lenchak« bezeichnet, auf einer »karmischen Schuld«: Der Otter trägt in diesem Leben bei der Eule eine Schuld ab, die er sich in einem früheren Leben aufgeladen hat. Wer sich irgendwann – ob vor einem Jahr oder vor zehn Jahren – Geld geliehen und nicht zurückgegeben, es gar erpresst oder ergaunert hat, wird jedes Mal, wenn der Name des Geschädigten fällt, ein schlechtes Gewissen haben und sich bewusst sein, dass er es irgendwann wird zurückzahlen müssen. Mit Schulden aus früheren Leben verhält es sich genauso. Mag sein, dass wir uns im Hier und Jetzt nicht konkret an den Grund erinnern, aber vom Schuldbewusstsein und dem Bedürfnis nach Wiedergutmachung getrieben, begegnen wir dem anderen mit unterwürfiger Beflissenheit. Genau das ist mit »Lenchak« gemeint.

Das Spielen war in Tibet früher ein weitverbreiteter Zeitvertreib. Es ging dabei nicht um Geld, was ohnehin keiner hatte, sondern um Kieselsteine, wie man sie an jeder Straßenecke fand. Dennoch war man peinlich darauf bedacht, keine Schulden zu machen. Die Tibeter waren nämlich überzeugt, dass man im nächsten Leben als Sklave des Gläubigers wiedergeboren würde. Selbst wenn die Schulden bloß ein paar Kiesel ausmachten, als Sklave hätte man ein Vielfaches zu tilgen – eine Vorstellung, die im Glauben an »Lenchak« wurzelt: Ein Verhalten, für das es keine logische Erklärung gibt, wird auf das Prinzip von Ursache und Wirkung in irgendeinem früheren Leben zurückgeführt.

Die Lehrer des tibetischen Buddhismus raten jedoch, uns weniger Gedanken über unsere karmische Belastung durch vergangene Taten zu machen, als vielmehr auf das Karma zu achten, das wir jetzt, in diesem Moment, schaffen. Der Energiefluss zwischen Otter und Eule kann sich für beide als schädlich erweisen. Sich in selbstaufopfernder Weise an die Eule zu klammern bringt dem Otter weder Lohn noch Freude; und die unersättliche Gier der

Eule mündet in einer spirituellen Verderbtheit, aus der sie sich nicht mehr befreien kann. Weder Otter noch Eule können aus dieser Beziehung etwas Positives beziehen. Solange der Otter nur seinem Pflichtgefühl folgt, wird er nie ein eigenes Leben führen. Es mag sein, dass sich sein Verhalten aus einer Schuld aus einem früheren Leben ergibt, aber aus einer ungesunden Beziehung in diesem Leben kann nur eine ungesunde Beziehung im nächsten folgen. Ein Teufelskreis, der sich ständig wiederholt.

Mit zwischenmenschlichen Beziehungen ist es wie mit Bäumen. Beide müssen ab und zu ausgelichtet werden. Ein guter Gärtner weiß, welchen Ast ein Baum braucht und welcher ihm nur Nährstoffe entzieht. Wie ein unbeschnittener Baum den Ertrag eines Obstgartens mindert, führt »Wildwuchs« in einer Beziehung in eine unfruchtbare Phase von Unzufriedenheit und Leid. Die Probleme werden dabei nicht etwa von Dingen verursacht, die wir verloren haben, sondern entstehen, weil wir sie in Gedanken nicht loslassen können.

Das »Auslichten« einer Beziehung verlangt Mut. Gäbe es die Eule nicht, könnte der Otter friedlich im See herumpaddeln und ein glückliches Leben führen. Und als Raubvogel könnte die Eule auch ohne ihn durchaus gut leben. Das Leben des Otters gehört dem Otter, das Leben der Eule gehört der Eule. Diese schlichte Erkenntnis eröffnet den Weg, um uns aus einer ungesunden Beziehung zu lösen.

Zuvor müssen wir jedoch klären, ob es sich um »Lenchak« oder wahre Liebe handelt. Dazu sind folgende Fragen zu stellen: »Schenkt mir die Beziehung reine Freude? Fußt sie auf Wertschätzung und gegenseitigem Respekt? Bringt das selbstaufopfernde Verhalten beiden Seiten Wachstum und Gewinn?«

Nein? Dann ist es weder falsch noch egoistisch, diese Beziehung hinter uns zu lassen. Es besteht keinerlei Grund, als Otter zu leben, nur weil wir uns per Selbsthypnose eingeredet haben, wir hätten eine karmische Schuld abzutragen. Wobei an dieser Stelle darauf hingewiesen sei, dass die Lehrer des tibetischen Buddhismus in der Vorstellung von früheren Leben nichts andere sehen als ein geistiges Phantom.

Eine abhängige, auf »Lenchak« basierende Beziehung ist nicht mit einer zu verwechseln, in der wir die Unzulänglichkeit und Schwächen des anderen aus Mitgefühl akzeptieren, was in einer Beziehung sehr wichtig ist. Noch mehr aber kommt es darauf an, einander wahrhaftig und auf gesunde Weise zu begegnen.

Auch die folgende Frage kann helfen, uns aus einer »Lenchak«-Beziehung zu lösen: »Bin ich davon überzeugt, dass die Menschen, die mir wichtig sind, die Verantwortung für ihr Leben selbst tragen können?«

Ich lade Sie ein, die Geschichte vom Otter und der Eule zu Ende zu schreiben.

»Eines Tages erkannte der Otter …«

EINE GESCHICHTE VON ÄPFELN

Nach einer meiner Lesungen sprach mich eine Frau an. Sie habe vor ein paar Jahren schon einmal an einer meiner Veranstaltungen teilgenommen und freue sich, mich wiederzusehen. Sie hatte einen ganzen Stapel Bücher erstanden – für ihre Bekannten, wie sie sagte – und bat mich, sie zu signieren. Als ich in der darauffolgenden Woche in einer anderen Buchhandlung las, schickte sie einen Bekannten vorbei, um weitere Bücher zu kaufen. Von ihm erfuhr ich, dass sie Mitglied eines örtlichen Leserkreises war.

Ein paar Tage später schickte sie mir eine Kiste Äpfel. Ich freute mich sehr, denn zum einen esse ich jeden Morgen einen Apfel, und zum anderen kamen sie aus einer berühmten Apfelanbauregion. Sie waren ausgesprochen knackig und erfrischend – kein Vergleich zu der oft mehligen ausländischen Ware.

Als ich die Kiste fast leer gegessen hatte, traf die nächste bei mir ein. Ich freute mich natürlich, verstand aber den Grund der Sendung nicht, und so rief ich die Frau an, bedankte mich für die Äpfel und betonte zugleich, dass sie mir keine weiteren zu schenken brauche. Der Bauer, von dem die Äpfel stammten, sei ein guter Bekannter von ihr, erklärte sie mir. Sie wolle ihm ein Geschäft zukommen lassen. Ich solle mir also keine Gedanken wegen der Äpfel machen. Unser Gespräch war ein Hin und Her zwischen »Nein, nicht nötig« und »Warum nicht?«. Ich lobte den ausgezeichneten Geschmack der Äpfel und schlug vor, sie selbst von dem Bauern zu beziehen; die Frau meinte, es müsse ihr doch erlaubt sein, ihrem Lieblingsautor ein paar Äpfel zu schenken.

Das Ende vom Lied war, dass ich jeden Monat eine Kiste frei Haus geliefert bekam. Wenn ich morgens in meinen Apfel biss, erfüllte das knackende Geräusch den Raum und sorgte für einen erfrischenden Start in den Tag. Es war zwar selten, aber ab und zu kam es vor, dass ich keinen Apfel mehr hatte, und an solchen Tagen fühlte ich mich irgendwie einsam. Die Zuverlässigkeit, mit der die Lieferung Monat für Monat eintraf, ließ mich vermuten, dass die Frau womöglich mit dem Bauern verheiratet war. Als ich an einem Morgen in meinen Apfel biss, tauchte in mir plötzlich die bange Frage auf: »Was soll ich machen, wenn sie mir keine Äpfel mehr schickt? Wenn irgendwann der Nachschub ausbleibt?«

Irgendwann musste sich dieses »Wenn« zwangsläufig realisieren, denn nichts auf der Welt kann ewig währen. »Alles verändert sich«, sagte der Buddha. »Bis auf diese Regel verändert sich alles« – einschließlich meiner monatlichen Apfellieferung und der Beziehung zwischen meiner Gönnerin und mir. Nichts ist von Dauer.

Wenn der Nachschub irgendwann ausbleiben wird und ich nichts tun kann, was dies verhindern würde, bleibt mir nur eins übrig: den Apfel, den ich jetzt in Händen halte, zu genießen, als wäre es der letzte in meinem Leben, in dem Bewusstsein, dass der erfrischende Moment des Hineinbeißens und die Art und Weise, wie sich seine runde Form in meine Hand schmiegt, jederzeit ein Ende finden.

Ich weiß nicht, warum, aber Dinge gehen nun einmal kaputt – je kostbarer, desto schneller. Vielleicht erscheinen sie uns genau deswegen so wertvoll und schön. Bestimmt kriege ich noch einmal einen dieser köstlichen Äpfel, und auch ihn werde ich mit Genuss verzehren. Gewiss wird mir ein weiterer Tag beschieden. Aber es zu erwarten ist ein reines Gedankenkonstrukt. Alles, was uns begegnet, ist eine einmalige Chance, und der nächste Moment ist nie garantiert. Wir erleben alles zum letzten Mal, so wie diese Welt jeden von uns zum letzten Mal erlebt.

»Auf Wiedersehen!« Die so oft gebrauchte Abschiedsformel ist im Grunde eine Lüge. Am Ende einer Reise winken wir den Leuten noch einmal zu und versprechen: »Bis zum nächsten Mal! Ich bin bald wieder da!«

Doch es wird nicht passieren, denn selbst wenn sich uns die Chance böte, an diesen Ort zurückzukehren, haben sich das Hotel und die Menschen, die wir dort kennenlernten, verändert. Oder sie sind einfach nicht mehr da. Sogar das Wetter ist dann anders. Wir haben einen Kloß im Hals, wenn wir »Auf Wiedersehen« sagen, weil uns im Grunde klar ist, dass sich das Versprechen sehr wahrscheinlich nicht wird halten lassen.

Der thailändische Mönch Ajahn Chah wurde einmal gefragt: »Alles auf der Welt ändert sich, und nichts ist von Dauer. Abschied und Verlust sind fester Bestandteil unseres Lebens. Aber wie kann dann das Glück existieren? Wie können wir uns sicher fühlen, wenn nichts so bleibt, wie wir es uns wünschen?«

Ajahn Chah sah den, der ihm die Frage stellte, mit seinen warmen Augen an, deutete auf ein Glas, das neben ihm auf dem Tisch stand, und sagte: »Ich liebe dieses Glas. Aus diesem Glas trinke ich Wasser. Es hält das Wasser wunderbar. Wenn die Sonne darauf scheint, spiegelt sich das Licht darin ganz herrlich. Schlage ich es an, gibt es einen schönen Klang. Und doch ist das Glas für mich bereits so gut wie zerbrochen. Wenn ich es in ein Regal stelle und der Wind es umstößt oder ich es mit dem Ellbogen vom Tisch stoße und es zu Boden fällt, wird es in tausend Stücke zerspringen. Für mich ist das eine natürliche Sache. Den Eigenschaften dieses Glases wohnt ›das zwangsläufige Zerbrechen‹ inne. Dagegen können wir nichts unternehmen. Wenn wir verstehen, dass dieses Glas bereits so gut wie zerbrochen ist, wird mir jede Minute, die ich damit verbringe, kostbar. In jeder Minute, die ich damit verbringe, bin ich glücklich.«

Begreifen wir, dass, genau wie das Glas, auch unser Körper und der der anderen um uns herum bereits so gut wie zerbrochen ist, wird uns jede Minute unseres Lebens kostbar. Dann bekommt die Wertschätzung jeder einzelnen Minute mehr Gewicht als unsere Angst und Traurigkeit. »Vergänglichkeit« im Sinne des Buddhismus bedeutet nicht nur, dass nichts von Dauer ist, sodass wir es loslassen sollten. Es heißt auch, die Kostbarkeit des Augenblicks zu schätzen. Hören wir auf, gegen die »Vergänglichkeit« anzukämpfen, zieht in unserem Inneren Frieden ein.

In der Erzählung *Knulp* lässt Hermann Hesse seinen Protagonisten sagen: »Eine recht schöne Jungfer würde man vielleicht nicht gar so fein finden, wenn man nicht wüsste, sie hat ihre Zeit und danach muss sie alt werden und sterben. Wenn etwas Schönes immerfort in alle Ewigkeit gleich bleiben sollte, das würde mich wohl freuen, aber ich würd es dann kälter anschauen und denken: Das siehst du immer noch, es muss nicht heute sein. Dagegen was hinfällig ist und nicht gleich bleiben kann, das schaue ich an und habe nicht bloß Freude, sondern auch ein Mitleid dabei. Darum weiß ich auch nichts Feineres, als wenn irgendwo bei Nacht ein Feuerwerk angestellt wird. Da gibt es blaue und grüne Leuchtkugeln, die steigen in die Finsternis hinauf und wenn sie gerade am schönsten sind, dann machen sie einen kleinen Bogen und sind aus. Und wenn man dabei zuschaut, so hat man die Freude und auch zu gleicher Zeit die Angst: Gleich ist's wieder aus, und das gehört zueinander und ist viel schöner, als wenn es länger dauern würde.«

Die Kiste mit den Äpfeln, die gestern wieder eingetroffen ist, erinnert mich daran, wie besonders doch die Dinge sind, wenn man bedenkt, dass alles endlich und irgendwann nicht mehr vorhanden ist. Es ist die Fragilität der Existenz, die alles für uns so wertvoll macht.

Sollten Sie gerade in einen Apfel beißen, essen Sie ihn, als wäre es der letzte in Ihrem Leben. Trinken Sie Tee, als wäre dies Ihre allerletzte Tasse. Schippern Sie den Ganges entlang in dem Bewusstsein, nie wieder an seinen Ufern vorbeizugleiten. Schlendern Sie die Straßen einer fremden Stadt entlang, dann machen Sie sich klar, dass sie diese beleuchteten Schaufenster nur dies eine Mal sehen. Und bei jedem Atemzug atmen Sie zum letzten Mal ein, zum letzten Mal aus, bis der Atem ganz verebbt.

DER TOD DES ORPHEUSBÜLBÜL

An einem trüben Wintertag klopfte es draußen an meinem Eingangstor, und als ich aufmachte, stand das Kind von gegenüber vor mir. Es ging nur selten aus dem Haus, und so hatte ich es bis dahin nur wenige Male gesehen.

Wortlos streckte es mir die Hand entgegen. Ein Orpheusbülbül lag darin. Ein Blick genügte, um zu sehen, dass der Vogel tot war. Das Kind ließ mir keine Zeit, um zu fragen, wo es den Vogel gefunden habe, sondern bat mich, ob ich ihn in meinem Garten begraben könne. Sie selbst hätten keinen und wüssten darum nicht, wo sie ihn bei sich unter die Erde bringen sollten.

Der Junge hatte kaum ausgesprochen, da reichte er mir auch schon den Vogel, machte auf dem Absatz kehrt und ging heim. Eine Weile stand ich perplex da und starrte auf das tote Tier in meiner Hand. Orpheusbülbüls gehören zu den Vögeln, die im Frühling neben Spatzen und Kohlmeisen in Scharen in meinen Garten kommen, um an den Staubblättern der Purpurmagnolien zu picken. Sie sind immer paarweise unterwegs. Wenn ich einen entdecke und mich umschaue, sehe ich den zweiten bestimmt irgendwo sitzen, vorzugsweise im Aprikosenbaum.

Nach kurzem Überlegen holte ich mir eine Gartenhacke und fing an, neben dem Baum ein Loch auszuheben. Der Vogel war nicht groß, und es genügte ein kleines, doch die Erde war gefroren, sodass es nicht ganz so leicht war, wie ich es mir vorgestellt hatte. Außerdem war meine Hacke stumpf, und immer wieder traf ich auf einen Stein, sodass die Funken sprühten.

Ich war mitten bei der Arbeit, als ich es noch einmal klopfen hörte, und wieder stand der Junge vor mir. Ich habe zwar eine Klingel, aber scheinbar hämmerte er lieber mit der Faust gegen das Holztor, als auf den Knopf zu drücken.

Ich hielt die Hacke in der einen Hand, und er drückte mir einen alten Turnschuh in die andere. Noch bevor ich ihn fragen konnte, was ich damit anfangen sollte, sagte er: »Tun Sie den Vogel da rein, wenn Sie ihn begraben. Es ist doch so kalt.«

Als er sich zum Gehen wandte, sah ich, dass er nur einen Schuh anhatte und deshalb ein klein wenig hinkte. Es war ein bitterkalter Tag, und er hatten nicht einmal Socken an.

Ich ging in den Garten zurück und grub weiter, als es auf einmal in dicken Flocken zu schneien begann. Kaum war der metallische Klang von Hacke auf gefrorener Erde verhallt und der Orpheusbülbül im Turnschuh in die Grube gelegt, lag eine Schicht Schnee über dem Grab, noch bevor ich es mit Erde bedeckt hatte. Es schneite und schneite, und bald war das Dach meines Hauses in eine dicke Schneedecke gehüllt, und auch das Dach des Hauses gegenüber, in dem das Kind mit dem Down-Syndrom lebte. Die ganze Welt schien im Schnee zu versinken.

Was ist ein Mensch? Was heiligt ihn? So unvollkommen er

auch sein mag, in seinem Wesen liegt eine besondere Schönheit. Irgendwann nach unserer Begegnung zog der Junge fort, doch jedes Mal, wenn ich an meinem Aprikosenbaum vorbeikomme, denke ich daran, wie er mir erst den Vogel und dann den Schuh brachte und wie er halb barfuß nach Hause hinkte. Das Wichtigste, so glaube ich, tragen wir im Herzen. Darum werden wir so leicht verletzt, wenn wir der Welt mit offenem Herzen begegnen. Aber es tut weniger weh, als mit geschlossenem Herzen zu leben.

Was sollen wir hier auf Erden lernen? Liebe vielleicht? Ich glaube, wir haben nur eine einzige Aufgabe: uns auf uns selbst zu konzentrieren und uns klarzumachen, dass alle außer uns andere – Fremde – sind, auf die wir keinen Einfluss haben. Mitgefühl aber können wir nie genug haben. Das wiederum stärkt unser »Ich«.

Bei einem Besuch in einem Meditationszentrum lernte ich folgendes Gebet: »Möge ich möglichst viel Liebe und Mitgefühl empfinden. Möge ich zumindest freundlich sein, wenn ich in diesem Moment weder Liebe noch Mitgefühl empfinde. Möge ich nicht urteilen, wenn ich es nicht fertigbringe, freundlich zu sein. Möge ich niemandem Schaden zufügen, wenn ich es nicht schaffe, nicht zu urteilen. Möge der Schaden möglichst klein sein, wenn es mir unmöglich ist, niemandem Schaden zuzufügen.«

Nichts geschieht ohne Grund, und alle Begegnungen haben eine Bedeutung. Niemand tritt zufällig in unser Leben. Der eine kommt und verlässt uns bald wieder, der andere begleitet uns länger, aber jeder hinterlässt kleinere oder größere Spuren in unserem Herzen und

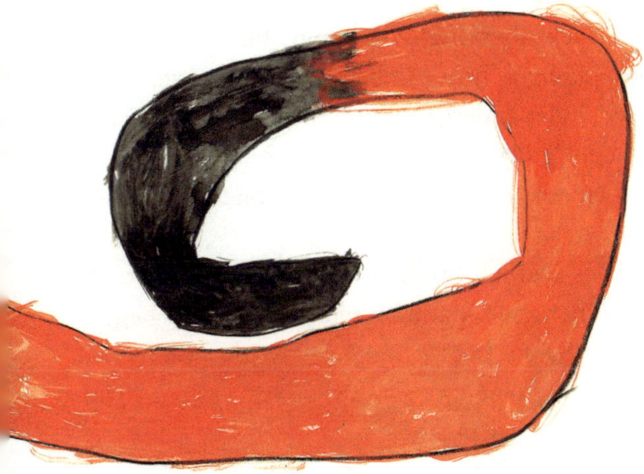

macht uns damit zu einem anderen Menschen, ohne dass es uns gleich bewusst wird … Danke, dass du in mein Leben getreten bist. Es gibt einen Grund dafür – ob unsere Beziehung nun eine Jahreszeit währt oder ein ganzes Leben.

KEINE BEGEGNUNG IST ZUFÄLLIG

Nichts geschieht ohne Grund, und alle Begegnungen haben eine Bedeutung, davon bin ich überzeugt. Ob es uns bewusst ist oder nicht, niemand tritt zufällig in unser Leben. Der eine kommt und verlässt uns bald wieder, der andere begleitet uns länger, aber jeder hinterlässt kleinere oder größere Spuren in unserem Herzen und macht uns damit zu einem anderen Menschen, ohne dass es uns gleich bewusst wird.

Es war Frühsommer und ich Student im dritten Semester, als mir auf dem Weg zu einem Seminarraum ein Kommilitone begegnete (der spätere Autor Sanha Lee).

»Wohin gehst du?«, fragte er.

»Ich habe eine Klausur«, sagte ich.

In der für ihn typischen Weise verzog er ungläubig das Gesicht und sagte: »Du schreibst Klausuren? Das passt doch überhaupt nicht zu dir.«

Ich war fassungslos. Wir waren doch beide Studenten! Aber irgendwie schien er mich mit realen Dingen wie einer Klausur nicht in Verbindung bringen zu können. Kaum war er seine Bemerkung losgeworden, war er auch schon verschwunden. Ich aber stand wie angewurzelt da. »Was mache ich hier überhaupt?«, fragte ich mich zutiefst verunsichert.

Ich verließ augenblicklich den Campus und beschloss, eine längere Wanderung zu unternehmen. Natürlich musste ich das Semester wiederholen, weil ich diese Klausur ebenso wenig wie alle weiteren mitschrieb und dementsprechend nicht die erforderliche Gesamtpunktzahl erreichte. Zwei Monate wanderte ich unter sengender Sonne und ernährte mich von den Pfirsichen, die ich in den Obstgärten, an denen ich vorbeikam, von der Erde auflas. Es war eine Zeit des intensiven Nachdenkens über das Leben im Allgemeinen und die Literatur im Speziellen. Die Nähte an meinen Schuhen lösten sich auf, und die Sohlen klapperten bei jedem Schritt, aber ich fand Klarheit über den Weg, den ich von nun an gehen wollte. Von da an widmete ich mich voll und ganz dem Schreiben von Gedichten. Im Winter desselben Jahres bekam ich einen Preis bei einem Literaturwettbewerb, und damit war der Anfang meiner Karriere als Lyriker gemacht. Die beiläufige Bemerkung von Sanha Lee (an die er sich selbst heute nicht mehr erinnert) hat in meinem Leben vieles verändert.

Nach dem Studium nahm ich eine Stelle als Vertretungslehrer an einer Mittelschule an, aber es widerstrebte mir, meine Zeit mit dem Erklären der Konsonantenassimilation und Vokalharmonie in der koreanischen Sprache zu verbringen, statt zu schreiben. Rimbaud hatte sein bestes Gedicht mit nicht einmal zwanzig Jahren verfasst. Ich aber brachte keine einzige Zeile zu Papier, obwohl ich doch beschlossen hatte, nur bis dreißig zu leben. Während eines gemeinsamen Essens erzählte ich einem älteren Kollegen von meinem Dilemma. Er angelte sich eine ganze Kartoffel aus dem Eintopf, schob sie sich in den Mund und sagte kauend: »In drei Monaten hast du vergessen, dass du jemals über solche Dinge nachgegrübelt hast.« Ich hörte etwas Furchtbares aus dieser Bemerkung heraus: »In drei Monaten machst du dir gar keine Gedanken mehr.« Kurz entschlossen reichte ich am Tag darauf meine Kündigung ein und verließ die Schule. Im Pausenhof standen die Forsythien gerade in voller Blüte. Ich verzichtete auf mein letztes Gehalt, weil ich nicht den vollen Monat gearbeitet hatte. Es war dieser ältere Kollege, der meinem Leben eine neue Wendung gab, bevor es für mich zu spät geworden war.

Gezwungenermaßen nahm ich in der Zeit danach diverse Brotberufe an und gelangte dabei zu der Erkenntnis, dass ich an einer Sozialphobie litt. Ein Job in einem Unternehmen war einfach nicht mein Ding. Ich hatte ständig furchtbare Kopfschmerzen, erschien zu spät zur Arbeit und fand es so gut wie unmöglich, bis zum Feierabend durchzuhalten. Nach wenigen Monaten wurde ich zum freiwillig Vertriebenen und irrte als Arbeitsloser durch die Straßen.

Damals gab es noch die Jongroh-Buchhandlung, und ich umkreiste sie den ganzen Tag in einem Radius von hundert Metern, so wie ein Mönch im Kreis um ein Kloster herumschreitet. Taten mir die Füße vom Laufen weh, trat ich ein und las Bücher und Gedichte, die ich, wenn sie mir gefielen, auswendig lernte. In der Toilette der Buchhandlung sprach mich eines Tages ein Mann an. Er sei mir einmal in einem Verlag begegnet und damals sehr beeindruckt von mir gewesen (von meinem

Äußeren, nicht meinen Gedichten). Er musste den Verlag meinen, in dem die Anthologien eines Lyrikertreffens erschienen, an dem ich mich eine Zeit lang beteiligt hatte. Dass mich ein Fremder einfach so auf der Toilette ansprach, fand ich meinerseits beeindruckend.

Wir unterhielten uns vor der Toilette weiter, und er erzählte mir von seinen Plänen für eine buddhistische Zeitschrift, die er von seinem Vater übernommen hatte. Wir waren uns einig, dass es an der Zeit war, ein Magazin herauszubringen, in dem man statt der damals üblichen eher trockenen, theoretischen Abhandlungen Themen wie Meditation und Spiritualität Raum geben würde. Kaum eine Stunde später hatten wir uns darauf verständigt, gemeinsam eine neue, vierteljährlich erscheinende Zeitschrift herauszubringen. Fünfzig der sechzig Minuten hatte ich damit zugebracht, begeistert meine Ideen zu schildern.

Unsere Zeitschrift erreichte zwar keine Riesenauflage, aber in der spirituellen Szene fand sie binnen Kurzem eine treue Leserschaft. Nach meinem Studium war sie mein erster nennenswerter Erfolg. Ich plante den Inhalt, schrieb eigene Artikel und traf mich mit verschiedenen spirituellen Lehrern aus Indien, was mich dazu brachte, mein Leben nach diesem Land hin auszurichten.

Irgendwann endete auch diese Episode meines Lebens, und ich hörte bei der Zeitschrift auf. Kurz danach traf ich im Bus einen Mann, den ich von meiner Arbeit dort kannte. Wir unterhielten uns zuerst im Bus, dann weiter auf der Straße, nachdem wir ausgestiegen waren, und ich vergaß total, wohin ich hatte fahren wollen, so sehr waren wir in unser Gespräch vertieft. Dass es in Korea viel zu wenige Bücher über Meditation und spirituelle Themen gäbe, darin waren wir uns einig und beschlossen noch an Ort und Stelle, zusammen einen Verlag zu gründen.

»Welt des Geistes« war daraufhin geboren – mit ihm als Herausgeber und mir als Cheflektor. Damit war der Grundstein für die Veröffentlichung der Meditationsbücher gelegt, die bis heute ein wesentlicher Teil meiner Arbeit sind.

Ich kann nicht sagen, in welche Richtung sich mein Leben entwickelt hätte, wenn es all diese Begegnungen nicht gegeben hätte. Ob ich mich als Mensch einigermaßen weiterentwickelt hätte und irgendwie zurechtgekommen wäre oder bis heute als Sozialphobiker in den Straßen rund um die Jongroh-Buchhandlung herumirren würde?

Jorge Luis Borges schrieb: »Jeder einzelne Mensch, dem wir in unserem Leben begegnen, ist einzigartig. Jeder hinterlässt immer irgendetwas und nimmt ein Stück von uns mit. Es gibt Menschen, die vieles hinterlassen, andere weniges, aber es gibt niemanden, der nichts hinterlässt und einfach vorbeigeht. Das ist der Beweis dafür, dass sich zwei Seelen nicht zufällig begegnen.«

Ich bin überzeugt, dass es eine Vorsehung, einen höheren Plan, für mich gibt und dass mir zum gegebenen Zeitpunkt bestimmte Menschen begegnen, um mich auf dessen Spur zu bringen. Sie kommen zu mir, weil ich die Beziehung zu ihnen für meinen jeweiligen Lebensabschnitt brauche. Wer diese Menschen sind, erfahre ich erst, wenn die Zeit reif dafür ist. Ich kann nicht sagen, ob das, was ich hier schreibe, allgemeine Gültigkeit hat; auf jeden Fall aber bin ich heute das Ergebnis der Begegnungen mit Menschen, die mir die Richtung gewiesen haben. Niemand kreuzt einfach so den Weg, den ich gehe.

Dazu folgende Gedanken eines anonymen Verfassers: »Unter den Menschen, denen wir in unserem Leben begegnen, gibt es manche, die aus einem bestimmten Grund zu uns kommen; mal begleiten sie uns nur für eine Jahreszeit, ein andermal bleiben sie ein Leben lang. Wüssten wir im Vorhinein, bei wem was der Fall ist, wüssten wir unsere Beziehung entsprechend zu gestalten.

Diese besonderen Menschen kreuzen unseren Weg meist, um uns ein Bedürfnis zu erfüllen, das wir geäußert haben. Sie helfen uns, Leid zu überwinden, weisen uns die Richtung und stehen uns auf unserem Weg zur Seite. Sie reichen uns materiell, geistig oder spirituell eine helfende Hand. Manchmal haben wir das Gefühl, sie seien uns von Gott gesandt, und irgendwie stimmt das ja auch. Sie begegnen uns, weil wir sie brauchen.

Manchmal sprechen oder handeln diese Menschen so, als wollten sie die Beziehung zu uns beenden, obwohl wir absolut nichts Falsches getan haben, oder sie tun es zum ungünstigsten Zeitpunkt. Manchmal sterben sie, manchmal gehen sie weg. Es kommt vor, dass sie maßlos übertriebene Dinge tun, um uns zu nötigen, einen klaren Entschluss zu fassen. Was wir uns in solchen Momenten bewusst machen sollten: Wenn wir es tun, ist unser Bedürfnis gestillt und damit die Aufgabe dieses Menschen erfüllt. Das Gebet, das wir zum Himmel schickten, wurde erhört. Es ist an der Zeit, nach vorne zu schauen und weiterzugehen.

Es gibt Menschen, die nur für eine Jahreszeit bleiben. Sie kommen, wenn wir im Leben eine Phase des Teilens, Wachsens und

Lernens erreichen. Sie lassen uns inneren Frieden finden und bringen uns zum Lachen. Vielleicht zeigen sie uns etwas, was wir bisher noch nie erlebt haben. In aller Regel bescheren sie uns unglaubliche Freude – allerdings nur für eine Jahreszeit.

Eine Beziehung, die ein Leben lang währt, gibt uns Gelegenheit, ein Leben lang zu lernen. Sie hilft uns, Stück für Stück ein solides Fundament für unsere Emotionen zu errichten. Unsere Aufgabe besteht darin, uns in den Prozess zu fügen, diesen Menschen zu lieben und das aus dieser Beziehung Gelernte in allen anderen Beziehungen und Lebensbereichen anzuwenden. Liebe ist bedingungslos, wahre Freundschaft aber reicht in die Ewigkeit.

Danke, dass du in mein Leben getreten bist. Es gibt einen Grund dafür – ob unsere Beziehung nun eine Jahreszeit währt oder ein ganzes Leben.«

MAN MERKT SCHON, WENN DIE BLUMEN BLÜHEN

Um seine vier Schüler zu lehren, über niemanden, nicht einmal sich selbst, ein vorschnelles Urteil zu fällen, schickte ein Lehrer sie einen nach dem anderen zu einem entfernt gelegenen Birnbaum. Sie sollten ihn sich anschauen und dann berichten, was sie gesehen hatten.

Der erste Schüler machte sich im Winter auf den Weg. Der Baum stand kahl im eisigen Wind. Die Rinde war vertrocknet, und diese Trockenheit reichte bis ins Mark. Der Schüler berichtete dem Lehrer, der Baum sei hässlich, krumm gewachsen und vollkommen nutzlos. Von Lebenskraft und Wachstum sei beim besten Willen nichts zu spüren.

Der zweite Schüler ging im Frühling hin und konnte nicht verstehen, was der Erste da geredet hatte. Der Baum stand prachtvoll da in frischem Grün. Die Wurzeln saugten Wasser aus dem Boden, das aus allen Zweigen junge Triebe sprießen ließ. Das pralle Leben! Bei seiner Rückkehr prophezeite er dem Baum eine prachtvolle Zukunft.

Der dritte Schüler schaute sich den Baum im frühen Sommer an, und er war über und über in weiße Blüten gehüllt. Die Wurzeln verankerten ihn sicher im Boden, und angezogen vom Duft der Blüten, umschwirrten Bienen und Hummeln ihn. Er beschrieb ihn als den prächtigsten und schönsten Baum, der ihm jemals unter die Augen gekommen sei.

Der vierte Schüler, der als letzter zu ihm ging, teilte keine der bisherigen Meinungen. Er sah den Baum im Herbst, als sich seine Äste unter der Last von goldgelben Früchten bogen. Die Alchemie des Baumes, die Sonnenschein und Regen in Süße zu verwandeln und eine solch reiche Ernte hervorzubringen vermag, die habe ihn zutiefst beeindruckt, so sagte er dem Lehrer.

Nun, da alle den Baum gesehen hatten, rief der Lehrer alle vier Schüler zu sich. Jeder einzelne Standpunkt sei an sich nicht falsch, befand er, aber auch nicht völlig richtig. Jedes Bild, das seine Schüler ihm beschrieben, galt schließlich nur für eine Jahreszeit. »Ob es sich um einen Baum oder einen Menschen handelt, man darf nicht anhand des Bildes, das nur für eine Jahreszeit gilt, ein Urteil über das Ganze fällen. Ob Baum oder Mensch, beide können nur Früchte tragen, wenn sie alle Jahreszeiten durchlaufen. Ein Leben darf nicht anhand seiner schwersten Phasen beurteilt werden. Das Leid eines Abschnitts darf nicht die Freude verderben, die die übrige Zeit mit sich bringt. Wer ein Leben aufgibt, nachdem es nur den Winter gesehen hat, verpasst das Versprechen des Frühlings, die Schönheit des Sommers und die Früchte des Herbstes.«

Diese Weisheit gilt nicht nur für andere, sondern in erster Linie für uns selbst. Beurteilen wir nicht unser gesamtes Leben anhand einer schweren Krise, in der wir einem Baum im Winter gleichen, der alle Blätter verloren hat und seine kahlen, mit Reif und Eis bedeckten Äste traurig in den Wind reckt. In den zarten Frühlingstrieben steckt das Versprechen einer Zukunft, die wir nicht geringschätzen sollten. Die Lebensfreude und die Früchte der Erkenntnis sind Geschenke der Jahreszeiten. Es sind kosmische Gaben.

Wie die vier Schüler, die sich auf den Weg zu dem Birnbaum machten, sind wir Pilger, die Jahreszeit um Jahreszeit durchwandern und doch alle Jahreszeiten in uns tragen. Wir sind wie dieser Baum. Uns diesem Wechselspiel zu überlassen und dem Lebenswillen zu vertrauen, der darin zum Ausdruck kommt, ist der erste Schritt auf unserem Weg. Der Baum weiß, dass keine Jahreszeit von Dauer ist. Und noch eins weiß er zweifelsfrei: dass er selbst den härtesten Winter überstehen wird.

Einer meiner Freunde, der Professor für indische Literatur an der Universität Wien ist, erzählte mir von einer jungen Frau namens Kamilla, der er zum ersten Mal bei einem Vorstellungsgespräch für die Aufnahme an der Universität begegnete. Sie hatte ihr in asymmetrischen Stufen geschnittenes Haar blau und rot gefärbt und ihre Augenbrauen doppelt so breit geschminkt, wie es der natürlichen Form entsprach. Am rechten Ohr trug sie fünf Ohrstecker und Gott weiß wie viele am linken, denn es war unter dem Haar versteckt, das auf dieser Seite länger war als auf der anderen. An allen Fingern trug sie schwere Ringe, und ihre langen Fingernägel waren schwarz lackiert. Ein Sammelsurium von Armreifen und -bändern reihte sich an den Unterarmen, ihre Lippen waren schwarz geschminkt, und die Stiefel reichten ihr bis hinauf zu den

Oberschenkeln … und ihre Antworten auf die Fragen meines Freundes, des Professors, waren auch nicht unbedingt berauschend. Nicht nur ihre äußere Erscheinung erschien ihm problematisch.

Trotzdem rutschte sie bei der Aufnahmeprüfung irgendwie durch, wurde zum Studium zugelassen und schrieb sich in das Seminar meines Freundes ein. Zum Glück waren die Vorlesungen gut besucht, sodass es ihm erspart blieb, die junge Frau laufend anstarren zu müssen. Die Zeit verging, und Kamilla stand kurz vor dem Bachelor, als sie in seine Sprechstunde kam und ihm eröffnete, nach ihrem Abschluss ein Masterstudium in indischer Literatur anhängen zu wollen. Und sie bat ihn, sie sowohl bei ihrer Bachelorarbeit als auch bei der darauf folgenden Masterarbeit zu betreuen, was für ihn bedeuten würde, künftig deutlich mehr von ihr zu sehen. Er befürchtete, dass es in ihrem Kopf nicht anders aussah, als ihr Äußeres vermuten ließ. Kamilla aber ließ sich ihren Plan nicht ausreden, und so stimmte er schließlich zu.

Anfangs hatte er große Mühe, über ihr Äußeres hinwegzusehen und sich auf das zu konzentrieren, was sie sagte. Zu seiner Überraschung merkte er, dass sie durchaus talentiert und intelligent war. Ihre Masterarbeit stand den der anderen Studenten in nichts nach. Heute spricht sie Hindi und Urdu beinahe wie ihre Muttersprache, hat in indischer Literatur promoviert, und inzwischen ist sie eine geschätzte Kollegin. Ihr Haar hat zu seinem natürlichen Braunton zurückgefunden, und auch in der Wahl ihrer Accessoires und ihres Make-ups ist sie zurückhaltender geworden.

Mein Freund sagt heute, sie sei die eine Studentin, auf die er in seiner gesamten Laufbahn als Professor am stolzesten sei. Es kann so leicht geschehen, dass wir jemanden anhand des Bildes beurteilen, das er in einer bestimmten Lebensphase abgibt, und glauben, es zeige uns den Menschen insgesamt oder sein gesamtes Leben.

Als Kamilla mit dem Studium begann, war sie begeisterter Gothic-Rock-Fan. Sie hatte sich in den Sänger einer Gothic-Band verliebt, zog sich an, wie sie glaubte, dass es ihm gefallen würde, und trug möglichst viele Piercings im Gesicht. Sie ging zu jedem seiner Konzerte, egal wie weit sie fahren musste, und war auf jeder After-Stage-Party, obwohl es nicht immer leicht war, sich Zutritt zu verschaffen. Trotzdem gelang es ihr nicht, mit dem Sänger wirklich in Kontakt zu kommen, und irgendwann ließ sie ihn wehen Herzens los.

Ein paar Jahre später holte ihr Vater sie in den Semesterferien ab und fuhr mit ihr nach Hause in ihre Heimatstadt. Es war Winter und furchtbares Wetter. Die Wolken hingen tief, es stürmte und graupelte. Als er einen jungen Mann mit erhobenem Daumen am Straßenrand stehen sah, hatte er Mitleid mit ihm und hielt an. Als er einstieg, traute Kamilla ihren Augen kaum. Es war der Rocksänger, dem sie jahrelang hinterhergelaufen war! Es kam, wie es kommen musste: Die beiden heirateten und sind bis heute ein glückliches Paar.

Ein hinduistisches Sprichwort lautet: *»Khilenge, to aap dekhenge.«* – Man merkt schon, wenn die Blumen blühen. Mag sein, dass wir keine Ahnung haben, wie unsere Zukunft einmal sein wird, aber wenn wir zum Erblühen kommen, wird man es schon merken. Wir müssen uns nicht rechtfertigen, warum wir im Moment so aussehen und gerade diese Jahreszeit durchschreiten. Die Zeit wird vergehen, und irgendwann werden wir Früchte tragen. Dann werden die Leute schon merken, wer wir sind.

Reiner Kunze schrieb folgendes Gedicht:

Was blühen muß, blüht
in geröll auch und gestein
und abseits jedes blickes.

Geduld zu haben bedeutet nicht, tatenlos abzuwarten. Wahre Geduld heißt, zukunftsgerichtet zu leben. Wahre Geduld ist, Rosen in den Dornen zu sehen und den Vollmond in der Finsternis.

SECHS MILLIARDEN WELTEN

Jesus mag einen Blinden und einen Tauben geheilt und einen Toten zum Leben erweckt haben, aber dass er einen Nörgler von seiner Miesepetrigkeit befreit hätte, steht nirgends geschrieben.

Wenn ich mich im Rückblick auf meine Reisen frage, welche die schwierigste gewesen ist, fallen mir nicht etwa die Touren ein, die aufgrund dürftiger Lebensbedingungen, unbequemer Verkehrsmittel oder unhygienischer Unterkünfte anstrengend waren, sondern eine, die ich gemeinsam mit einem Bekannten unternommen habe. Er ist Anhänger einer Glaubensgemeinschaft, die ihm einen streng vegetarischen Lebensstil vorschreibt. Wohl deswegen war er ewig unzufrieden mit dem Essen, ganz gleich wo wir es zu uns nahmen. Vielleicht war seine ständige Unleidlichkeit auch einfach damit zu erklären, dass er mich nicht leiden mochte. Wenn Sie mich fragen, ist es in keinem Land der Welt so einfach, ein vegetarisches Restaurant zu finden, wie in Indien. Meinem Bekannten aber war keines gut genug. Wo wir auch hinkamen, er nahm ausnahmslos jede einzelne Zutat auf seinem Teller genau unter die Lupe. Misstrauisch roch er an Soßen wie Sambar oder Chutney, die er nicht kannte. Und er fand immer einen Grund, um zu nörgeln. Wenn ich mir in seiner Gegenwart ein Essen bestellte und es bis auf das letzte Korn Reis aufaß, sah er mich an, als wäre ich ein Barbar.

Ich bin selbst Gelegenheitsvegetarier, und vegan zu leben erscheint mir außerordentlich vorbildlich. Allerdings entpuppt sich ein Ideal, wie edel es auch sein mag, als problematisch, wenn Abhängigkeiten zu äußeren Faktoren bestehen. Überall in Indien gibt es Gemüsemärkte, die frühmorgens ihre Tore öffnen und die eine üppige Auswahl an Obst und Gemüse bieten, aus denen man sich selbst einfache Gerichte zubereiten kann. Ich dachte, es sei eine gute Idee, meinen Bekannten dorthin zu führen, aber selbst da fand er Anlass zum Meckern. Seine Kreativität, was das Ersinnen negativer Gedanken anbelangte, war wirklich erstaunlich.

Seine Unzufriedenheit mit dem Essen setzte sich in allen anderen Dingen fort. Die Ziege, die mit uns im Bus fuhr, störte ihn beim Meditieren (sie hatte gewagt, ihr Kinn auf sein Knie zu legen), im Zug war die Toilette in der zweiten Klasse der schlimmste Albtraum seines Lebens (er hielt über zwanzig Stunden durch), und der grüne Gecko, der in einer Unterkunft an der Zimmerdecke hing, war ein Abgesandter des Teufels (züngelnd machte ihm das Reptil eine Liebeserklärung). Dass es plötzlich wie aus Eimern zu schütten begann, stürzte ihn in Depressionen. Kamen wir aber an einem neuen Ort an, erschien ihm der, den, den wir gerade verlassen hatten, auf einmal als viel besser. Ich verstand die Welt nicht mehr. Wusste er nicht, dass es bei einer Reise darum geht, ständig Neues, Schönes zu entdecken? Dass man dabei allerlei Unbequemlichkeiten in Kauf zu nehmen hat – na und!

Seine Nörgelei ging mir irgendwann so auf den Geist, dass ich mich selbst kaum noch freuen konnte. An einem Bahnhof kaufte er sich eine Mango, die zwar hässlich aussah, aber doch nicht furchtbar hässlich, sondern entzückend hässlich, und wieder fing er zu meckern an. Das war der Moment, an dem mir der Geduldsfaden riss. »Warte kurz auf mich«, sagte ich, lief durch die Unterführung, rannte die Treppen hoch zum Bahnsteig und stieg in den nächstbesten Zug. Als ich zwei Monate später nach Korea zurückkehrte, war mein Bekannter längst wieder da. Ich bereute natürlich, dass ich ihn im Bahnhof hatte stehen lassen wie ein ausgesetztes Kind, und so lud ich ihn von da an jedes Mal, wenn wir uns sahen, zum Essen ein.

Sind wir ständig unzufrieden mit der Welt, sollten wir uns ernsthaft fragen, ob womöglich der Zugang zu unserem inneren Freudenquell verschüttet ist; ob unser Vertrauen in und unsere Leidenschaft für das Leben stehen geblieben sind wie die Zeiger einer Uhr, deren Zahnräder zu abgenutzt sind, um es zur zwölf hinauf zu schaffen. Ich weiß selbst, wie sich Unzufriedenheit und Enttäuschung anfühlen und wie es ist, wenn im Inneren die Freude versiegt. Ich kenne das Gefühl, wenn es einem den Boden unter den Füßen wegzieht.

Aber dann denke ich an meine erste Tibetreise. Wegen extremer Höhenkrankheit hatte ich lange nichts essen können. An einem Tag lief ich zum Kloster Trashilhünpo in der Stadt Xigazê, und dort angekommen, hatte ich auf einmal großen Hunger. Als ich ein paar Einheimische vor einer Strohhütte beim Essen sitzen sah, trat ich näher. Sie hielten gekochte Kartoffeln in der Hand. Wir konnten uns nicht in einer gemeinsamen Sprache verständigen, aber es war nicht schwer, ihnen meinen Wunsch mit Händen und Füßen zu vermitteln. Wie ich an diesem Tag mit diesen Leuten in der Sonne saß und Kartoffeln pellte und aß – diesen Genuss werde ich nie vergessen. Ihrer Kleidung und ihrem Aussehen nach waren diese Menschen sehr arm, aber sie wirkten kein bisschen unzufrieden. Sie gingen miteinander völlig ungezwungen und überaus freundlich um. Wir lachten die ganze Zeit, und sie strahlten eine besondere Güte aus. Wie war es möglich, dass sie sich ihre innere Freude bewahrt hatten, obwohl sie durch die chinesischen Besatzer unendliches Leid erfahren hatten? Wie gelang es ihnen, sich ungeachtet aller Widrigkeiten ihren Lebensmut zu erhalten? Ich fand dies sehr erstaunlich!

In diesem Zusammenhang fällt mir eine Geschichte ein, die ich vor Kurzem gelesen habe:

Eine Gruppe von Jägern gelangte tief im Wald an eine Strohhütte, in der ein Mönch lebte. Obwohl in seiner Behausung kaum das Nötigste zu finden war, strahlte er zufrieden.

»Sie sehen sehr glücklich aus, obwohl Sie in dieser Einöde leben«, sagte einer der Jäger.

»Ja, ich bin immer glücklich«, antwortete der Mönch.

»Wir besitzen viel, aber glücklich sind wir nicht. Wo haben Sie das Glück gefunden?«

»Hier in dieser kleinen Strohhütte. Sie brauchen nur aus dem Fenster zu schauen, dann sehen Sie das Glück!« Der Mönch deutete zu einer in die Wand eingelassenen Scheibe, die nicht größer als ein Taschentuch war.

»Das ist doch glatt gelogen! Da ist ja außer ein paar Ästen nichts zu sehen«, schimpfte ein anderer Jäger.

»Schauen Sie doch bitte noch einmal.«

»Das habe ich doch! Aber da ist nichts außer ein paar Ästen und einem Stück Himmel, das gerade mal so groß wie meine Handfläche ist.«

»Genau das ist es! Das macht mich so glücklich – das Stück Himmel, das so groß wie eine Handfläche ist.«

Wären wir nicht besser dran, wenn wir uns der Welt, statt mit ihr zu hadern, nach buddhistischer Tradition in Liebe zuwenden würden wie dieser Mönch? Wir sollten uns fragen, aus welchem Quell wir gerade schöpfen, wenn wir die Dinge mal so, mal so betrachten. Nähern wir uns ihnen aus dem Herzen heraus, gewinnen wir an emotionaler Tiefe, und unsere Einfühlsamkeit erwacht. Es ist fast wie bei einem Vogel, der eins wird mit der Freude, wenn er sich in die Lüfte erhebt.

Jeder von uns trägt einen Freudenquell in sich, doch der Zugang ist oft mit Geröll und Sand verschüttet, sodass uns die Freude abhandenkommt. Der Franzose Matthieu Ricard kehrte seiner Stellung als Molekularbiologe am Institut Pasteur und der westlichen Zivilisation insgesamt den Rücken, ging in den Himalaya und wurde in Tibet buddhistischer Mönch. In einem seiner Bücher erzählt er, wie er einmal in Nepal auf den Stufen eines Klosters saß. Es war Regenzeit, und im Nu hatte ein Wolkenbruch den ziemlich großen Hof in ein einziges Schlammbad verwandelt. Damit die Besucher die überflutete Fläche durchqueren konnten, legten die Mönche für sie in regelmäßigen Abständen Ziegelsteine als »Brücke« aus.

Eine Frau trat durch das Tor ein, ließ ihren Blick genervt über den überschwemmten Hof gleiten, und während sie von Stein zu Stein stapfte, schimpfte sie laut vor sich hin. Als sie bei Ricard angelangt war, beschwerte sie sich wütend: »Das ist vielleicht eine Schweinerei hier! Was wäre, wenn ich in dieses Dreckwasser gefallen wäre?! In diesem Land ist einfach alles immer dreckig!«

Ricard kannte sie gut, und so nickte er wortlos seinen Trost zu.

Wenige Minuten später trat eine andere Frau durch das Tor. Sie hüpfte singend von Stein zu Stein, und als sie wieder trockenen Boden unter den Füßen hatte, lachte sie: »Das hat richtig Spaß gemacht!« Und strahlend fügte sie hinzu: »Das Gute an der Regenzeit ist, dass es absolut keinen Staub mehr gibt!«

Schauen wir uns doch einmal in der Welt um. Ein perfekter Ort ist nirgends zu finden, aber einer, an dem es nicht wenigstens ein kleines bisschen Schönes gibt, auch wenn wir unsere Augen noch so fest davor verschließen – auch der ist nirgends zu finden.

Um es mit Ricards Worten auszudrücken: »Treffen zwei Menschen aufeinander, gibt es zwei Arten, die Dinge zu betrachten. Sind es sechs Milliarden Menschen, dann gibt es sechs Milliarden Arten, die Dinge zu betrachten.«

MITGEFÜHLSMÜDIGKEIT

In meinem Bekanntenkreis gibt es eine Frau mit einem sehr einfühlenden Herzen, die gern bereit ist, sich die Lebensgeschichten anderer anzuhören. Tag und Nacht kommen Leute zu ihr, um sich ihre Sorgen von der Seele zu reden. Selbst bei einer Bergtour nutzte einer der Mitwanderer die Gelegenheit, ihr sein Leid zu klagen. Sie konnte den Weg kaum genießen, weil sie vom Tal bis zum Gipfel und zurück mit dem Unglück dieses Mannes beschäftigt war.

Als sie mir davon erzählte, hatte ich den Eindruck, sie würde die Tonglen-Meditation aus dem tibetischen Buddhismus praktizieren. »Tonglen« bedeutet »aussenden und aufnehmen«. Man stellt sich bei der Übung vor, das Leid anderer auf sich zu nehmen und ihnen stattdessen Gutes von sich selbst – etwa Gesundheit oder Glück – zu senden. Beim Einatmen nimmt man Leid auf, und beim Ausatmen sendet man heitere Gelassenheit, Gesundheit und Vertrauen aus. Die Tonglen-Meditation geht einen Schritt weiter, als bloß Barmherzigkeit zu zeigen.

Mitgefühl spielt eine wichtige Rolle bei der Überwindung des Leids in der Welt. Leid ist das, was uns Menschen allen gemeinsam ist und damit eine uns alle verbindende Kraft. Bei meiner

Bekannten allerdings ist die mitfühlende Ader so ausgeprägt, dass sie extrem anfällig für das Leid anderer ist. Das macht die Sache problematisch. So war es irgendwann so weit, dass sich ihr die negativen Emotionen der anderen, ihr Zorn, ihre Geschichten von Verrat und Verzweiflung, so ins Herz fraßen, dass sie selbst allmählich in Depressionen verfiel. Die Positivität und Neugier, die sie innerlich zum Strahlen gebracht hatten, verblassten zusehends. Mehr und mehr fühlte sie sich emotional ausgebrannt, enttäuscht von der Welt und innerlich hohl, was nicht zuletzt ihre Arbeit als Lektorin in einem Verlag beeinträchtigte.

Man spricht von »Mitgefühlsmüdigkeit«, wenn sich ein Mensch nicht in das Leid anderer einfühlt, sondern sich derart davon überrollen lässt, dass er in einen Burn-out gerät. Ein Grund für die Ermüdung kann die Ohnmacht sein, nicht helfen zu können. Burn-out, das heißt ausgebrannt sein; das heißt, selbst quasi zu Asche zu werden. Das Phänomen der Mitgefühlsmüdigkeit kann jeden treffen, der tagtäglich mit dem Leid anderer in Berührung kommt. Betroffen sind nicht nur Menschen, die an vorderster Front im Einsatz sind, etwa im Rahmen der familiären Pflege, wenn sich ein Angehöriger im Endstadium von Krebs befindet, oder Psychologen, die sich jeden Tag mit Klienten auseinandersetzen, die psychische Probleme haben.

Die amerikanische Lyrikerin Ella Wheeler Wilcox schildert, wie sie und ihre Eltern eine Einladung zur prunkvollen Amtsantrittsfeier des Gouverneurs von Wisconsin erhielten. Sie waren arme Farmer und freuten sich sehr darauf. Auf der Hinfahrt aber saß sie neben einer jungen, ganz in Schwarz gekleideten Frau, die kurz zuvor ihren Mann verloren hatte und ununterbrochen weinte, sodass sie sie die ganze Zeit trösten musste.

Als sie bei der Feier angekommen waren, war sie so niedergeschlagen, dass sie mit niemandem recht ins Gespräch kommen mochte. Bei einem zufälligen Blick in den Spiegel sah sie auf einmal in ihrem Gesicht das Antlitz der trauernden Witwe, einen Moment, den sie in ihrem wohl bekanntesten Gedicht beschrieb:

> Lache, und die Welt lacht mit dir,
> Weine, und du weinst alleine;
> die gute alte Erde muss sich ihre Freude borgen,
> aber hat genug eigene Sorgen.
> Singe, und die Hügel werden antworten;
> seufze, es verhallt ungehört.

Worauf Menschen wie meine Bekannte achten müssen, ist, sich bei allem Mitgefühl ihre emotionale Gelassenheit zu bewahren. Das bedeutet, zwar mit dem Unglück anderer mitzufühlen, aber gleichzeitig zu akzeptieren, dass sie nicht für die Wendungen in deren Schicksal verantwortlich sind. Wenn wir uns anderer annehmen wollen, ohne selbst dabei auszubrennen, müssen Mitgefühl und emotionale Gelassenheit in Balance sein. Uns kümmern heißt nicht, uns nur um andere zu kümmern, sondern auch um uns selbst, denn wir sind in der Pflicht, unser eigenes Leben gesund zu gestalten.

Eine junge Frau zog nach ihrer Hochzeit weit weg aus der Heimat zu ihren Schwiegereltern. Ihr Alltag dort erwies sich als eine

Aneinanderreihung von Problemen und Nöten. Als ihre Mutter sie nach einiger Zeit zum ersten Mal besuchen kam, blieb ihr nicht verborgen, wie schwer ihre Tochter es hatte. Sie musste mit ihr reden, aber in Gegenwart der Schwiegereltern ging das schlecht, und so schlug sie ihr vor, gemeinsam einen Spaziergang im nahe gelegenen Wald zu unternehmen.

Als sie unterwegs im Schatten eines schönen, saftig grünen Baumes Rast machten, bot die Mutter ihrer Tochter an: »Du kannst mir alles erzählen, was dich bedrückt. Das wird dich ungemein entlasten.«

Weinend schüttete die Tochter ihr Herz aus und erzählte ihr alles, was sie bis dahin schweigend ertragen hatte.

»Ich kann dich leider nicht jede Woche besuchen kommen«, sagte die Mutter. »Also komm bitte von nun an jede Woche einmal hierher und erzähle dem Baum, was dich bedrückt. Er wird dir an meiner Stelle zuhören.«

Die Tochter versprach es ihr.

Als die Mutter ein paar Monate darauf wiederkam, stellte sie erleichtert fest, wie sehr sich ihre Tochter verändert hatte.

»Täusche ich mich, oder geht es dir tatsächlich viel besser? Was ist passiert?«

»Eigentlich ist im Haus alles beim Alten geblieben.«

»Aber du siehst viel besser aus.«

»Ich habe keine Ahnung, warum.«

»Lass uns spazieren gehen«, schlug die Mutter vor.

Unterwegs erzählte ihr die Tochter: »Wie ich dir versprochen habe, bin ich einmal in der Woche in den Wald gegangen und habe dem Baum von meinen Sorgen erzählt. Das hat mir jedes Mal eine große Last von den Schultern genommen.«

Als sie zu dem Baum gelangten, waren seine Äste verdorrt und sein Laub vertrocknet. Er hatte das ganze Leid der Tochter in sich aufgenommen und sich dabei im Inneren verzehrt.

Was wäre gewesen, wenn die Tochter mit den Vögeln im Baum gesungen hätte, statt ihm ihr Leid zu klagen? Wenn sie getanzt hätte mit seinen im Wind sich wiegenden Ästen? Hätte sich bei dem Baum statt Mitgefühlsmüdigkeit womöglich so etwas wie Mitgefühlsfreude eingestellt? Und hätte diese Mitgefühlsfreude der Tochter vielleicht die Kraft geschenkt, ihr Leben zu ändern? Es lohnt sich zumindest, darüber nachzudenken.

UNS SORGEN ZU MACHEN BRINGT NICHTS

In diesem Frühjahr bekam ein Schriftstellerkollege und guter Freund von mir nachts eine SMS von einem flüchtigen Bekannten, in der dieser ihm ohne Vorankündigung heftige Vorwürfe machte. Mein Freund ärgerte sich so ungemein über die beleidigende Tirade, dass er den Rest der Nacht kein Auge mehr zubekam. Als der Morgen zu dämmern begann, war er völlig durch den Wind.

Da erhielt er eine weitere SMS von dem Bekannten. Er sei in der Nacht betrunken gewesen, habe ihm deshalb versehentlich eine Nachricht geschickt, die für jemand anderen bestimmt gewesen sei. Er entschuldigte sich in aller Form. So fertig er war und so tief seine Augenringe auch sein mochten, mein Freund konnte nicht anders, als zu lachen.

Das Tibetische Wort »Shenpa«, meist mit »Anhaftung« übersetzt, bedeutet wörtlich »am Angelhaken hängen« und im übertragenen Sinn, so von einem Gedanken gefangen zu sein, dass man sich von ihm nicht befreien kann. Pema Chödrön, Expertin des tibetischen Buddhismus, vergleicht »Shenpa« mit einem Juckreiz: Juckt es uns, kratzen wir uns; je mehr wir uns kratzen, desto mehr juckt es uns, und mit der Zeit fangen wir richtig zu leiden an. Dass sich mein Freund wegen einer fehlgeleiteten SMS eine ganze Nacht um die Ohren schlug, ist ein gutes Beispiel für »Shenpa«.

Eines der lästigsten Dinge in indischen Aschrams sind die Moskitos. Wer meditiert, bewegt sich nicht, was die cleveren Biester nur allzu gut wissen. Zielstrebig greifen sie jeden Meditierenden an. Im Aschram in Tapoban in Nepal sind es Bergmoskitos, unverwüstlich wie Gurkhas (nepalesische Soldaten), und sie stechen die Meditierenden mit Vorliebe direkt in die Mitte der Stirn. Da kann man leicht auf die Idee kommen, sie seien das einzig Störende auf dem Pfad der Erkenntnis. Vielleicht war ja Mara, der Siddhartha bis zuletzt von der Erleuchtung abzuhalten versuchte, eins dieser Plagegeister? Man kratzt sich und kratzt sich, weil es furchtbar juckt, bis es am dritten Auge blutet, also genau dort, wo sich das Stirnchakra öffnen soll.

»Shenpa« ist Leid, das entsteht, wenn der Juckreiz den Geist vollkommen in Beschlag nimmt und die Methode, mit der wir uns des Juckreizes zu entledigen versuchen, zudem absolut kontraproduktiv ist. »Shenpa« ist ein pervertierter Zustand, in dem alle unsere Gedanken zwanghaft um eine einzige Sache kreisen, sei es um einen Moskitostich, eine ungerechtfertigte Beleidigung oder einen Fehler, den wir begangen haben, sodass wir an nichts anderes mehr denken können. Von einem Moskito gestochen zu werden ist unangenehm genug, aber wenn wir ständig an dem Stich kratzen, statt ihn in Ruhe zu lassen, fangen wir erst richtig zu leiden an. Auch wenn wir, wie mein Freund, pausenlos über eine an sich schon schlimme ungerechtfertigte Beschimpfung nachgrübeln, verschlimmern wir die Sache ohne Not.

»Shenpa« erklärt, warum wir zusätzlich leiden. Es beschreibt eine Situation, wie ich sie in der Geschichte *Der zweite Pfeil* geschildert habe, die in meinem Essayband *Der Vogel schaut nicht zurück, wenn er fliegt* nachzulesen ist: Wir lassen es nicht mit dem geschehenen Unglück bewenden, sondern wälzen es in Gedanken ständig um und schießen damit selbst einen zweiten Pfeil auf uns ab. Ein Ereignis verursacht Leid, aber es ist unsere eigene emotionale Reaktion auf dieses Ereignis, die es erst wirklich schlimm macht.

Anton Tschechows Kurzgeschichte *Der Tod des Beamten* handelt von einem Mann, der im Bann von »Shenpa« steht. Eines Abends saß er in der Oper im Sperrsitz in der zweiten Reihe. Alles war gut, bis er plötzlich das Gesicht verzog, die Luft anhielt... und hatschi! Er nieste.

Niesen zu müssen – das kann jedem passieren, ganz gleich, wann und wo. Trotzdem war es ihm peinlich, denn er hatte auf die Glatze seines Vordermanns geniest, eines hochrangigen Generals. Mit einem Hüsteln beugte er sich vor und flüsterte dem General zu: »Verzeihung, Eure Exzellenz, ich habe Sie angeniest ... aus Versehen ...«

»Macht nichts, macht nichts«, antwortete der General.

»Glauben Sie mir, die Sache ist mir zutiefst peinlich. Ich bitte vielfach um Entschuldigung. Es war ... nicht meine Absicht!«, entschuldigte sich der Mann erneut.

»Ich bitte Sie! Machen Sie kein solches Aufheben darum. Lassen Sie mich bitte weiter die Oper hören!«

Dem Mann war die Sache so peinlich! Mit verlegenem Lächeln schaute er zur Bühne, aber er bekam nichts mit, so sehr war er mit

Hadern beschäftigt. Aufgewühlt, wie er war, suchte er in der Pause nach dem General, stand eine Zeit lang neben ihm, bis er schließlich seine Scheu überwand und ihm zuraunte: »Ich habe Eure Exzellenz angeniest. Verzeihen Sie ... Ich wollte ...«

»Ach, lassen Sie nur. Ich hatte es schon vergessen, und jetzt fangen Sie wieder damit an!«, gab der General mit einem ungeduldigen Zucken der Unterlippe zurück.

Vergessen? Ich sehe doch den Zorn in seinen Augen blitzen, dachte der Mann. Nicht einmal darüber sprechen will er mit mir!

Zu Hause erzählte er seiner Frau, was vorgefallen war. Sie hielt es für keine große Sache, riet ihm jedoch, sich noch einmal bei dem General zu entschuldigen, wenn er sich so große Gedanken mache. Am nächsten Tag zog er also seine beste Uniform an und machte sich auf den Weg zu ihm.

Im Empfangszimmer warteten viele Besucher, die alle mit ihren Anliegen gekommen waren, und auch den General sah er. Als sich ihre Blicke kreuzten, sagte er: »Im Theater gestern, Eure Exzellenz werden sich erinnern, da nieste ich sie aus Versehen an, verz...«

»Mein Gott, das darf doch nicht wahr sein!«, rief der. »Sie sind ja nicht zu retten!« Und schon wandte sich der General dem nächsten Besucher zu.

Der Mann wurde bleich. Er lässt mich nicht einmal ausreden, so wütend ist er. Das kann ich so nicht stehen lassen. Ich muss es ihm erklären, dachte er.

Er passte den Moment ab, als der General seinen letzten Besucher verabschiedet hatte und sich in seine Privaträume zurückziehen wollte, um ihn noch einmal anzusprechen. »Exzellenz«, sagte er, und in seiner Stimme lag etwas Flehendes. »Ich wage es nur, euch zu belästigen, weil ich es so sehr bereue! Ich habe es, wie ihr wisst, nicht mit Absicht getan!«

Der General verzog das Gesicht. »Sie wollen mich wohl auf den Arm nehmen?«, sagte er und schlug ihm die Tür vor der Nase zu.

Auf den Arm nehmen? Der Mann schüttelte ungläubig den Kopf. Wie kommt er denn darauf? Da ist er nun General und kann nicht einmal die einfachsten Dinge begreifen! Angesichts dieser Arroganz werde ich mich bei ihm nicht mehr entschuldigen. Der Teufel soll ihn holen! Ich werde ihm einen Brief schreiben, aber zu ihm hingehen werde ich nicht noch einmal! Ganz sicher nicht!

Aber einen Brief zu schreiben gelang ihm nicht. Sosehr er auch grübelte, ihm fiel nicht ein, was er hätte schreiben können. Darum unternahm er am nächsten Tag einen weiteren Versuch, sich dem General persönlich zu erklären.

»Ich habe Eure Exzellenz gestern belästigt«, brachte er stotternd hervor, »nicht um mich über Eure Exzellenz lustig zu machen, wie ihr festzustellen beliebtet. Ich wollte mich dafür entschuldigen, dass ich Sie angeniest habe. Mich über Sie lustig zu machen war nie meine Absicht. Wo bliebe der Respekt vor den Höhergestellten, wenn ...«

»Machen Sie, dass Sie wegkommen!«, brüllte der General rot vor Wut und vor Zorn am ganzen Körper bebend.

»Wie bitte?« Der Mann wäre vor Schreck bald im Boden versunken.

»Gehen Sie! Raus hier!!«, schrie der General und stampfte mit dem Fuß auf.

Da spürte der Mann, wie in seinem Inneren etwas riss. Taub und blind für alles ringsum ging er zur Tür und trat auf die Straße. Wie er nach Hause kam, wusste er nicht. Ohne die gute Uniform auszuziehen, legte er sich aufs Kanapee und starb.

Im Alltag ist »Shenpa« allgegenwärtig. Es genügen ein Vorwurf oder die Unhöflichkeit eines anderen, eine Fehleinschätzung oder ein Missgeschick von uns selbst, und schon geraten wir in eine endlose Spirale des Grübelns und machen uns das Ganze zur Seelenqual. Die einzige Möglichkeit, uns aus dem Bann von »Shenpa« zu befreien, liegt darin, uns das Phänomen bewusst zu machen.

Pema Chödrön vergleicht es mit drei Fischen, die um einen Angelhaken schwimmen, bis einer von ihnen zu den anderen sagt: »Das Geheimnis, nicht gefangen zu werden, liegt darin, nicht in diesen wertlosen Köder zu beißen.«

Wir müssen erkennen, dass es sich um einen Köder handelt, und von Anfang an darauf achten, uns nicht von ihm verführen zu lassen. Hängen wir erst einmal am Haken, ist es zu spät, um uns zu befreien.

Von mir glauben die Leute inzwischen, ich würde nie von Moskitos gestochen, aber natürlich stimmt das nicht. Ich werde gestochen, aber ich kratze mich nicht. Man muss nur eine kleine Weile Geduld haben, dann hört es automatisch auf zu jucken. Und ich denke mir: »Ein Moskito hat meine Stirn gestochen« und nicht: »Ein Moskito hat mich gestochen«. Auch das trägt dazu bei, dass aus einem nervigen kleinen Stich eine blutende Wunde wird. Welche Einstellung wir zu den Moskitos haben, die unsere Stirn umschwirren, liegt ganz an uns. Das soll natürlich nicht heißen, dass ich einem, der von einer Schlange oder einem giftigen Insekt gebissen wurde, als eine Art Allheilmittel den Satz mit auf den Weg geben würde: »Das Tier hat nicht mich, sondern nur meinen Knöchel erwischt.«

Sind wir in eine Grube gefallen, sollten wir alles daransetzen, schnellstmöglich wieder herauszukommen und sie nicht noch tiefer zu graben. Das heißt es, auf unsere Seele zu achten. Ein tibetisches Sprichwort lautet: »Lässt sich ein Problem lösen, brauchen wir uns nicht zu sorgen; lässt es sich nicht lösen, helfen uns Sorgen auch nicht weiter.«

WARUM BIN ICH ICH UND NICHT DU?

Behaupten wir, jemanden zu kennen, heißt das oft, ihn eben nicht zu kennen. Wir glauben nur, ihn zu kennen, in Wirklichkeit aber beschränkt sich unser Wissen von ihm auf die Gedanken, die wir uns über ihn machen, und die Gefühle, die er in uns auslöst. Wenn ich sage, ich mag diesen Menschen oder ich mag ihn nicht, heißt das nichts weiter, als dass ich mich auf mein Urteil beziehungsweise Vorurteil über diesen Menschen verlasse.

In der nordindischen Stadt Varanasi gibt es einen Ort, den ich ganz besonders mag: den Raj Ghat, die Stufen, die zum Ganges hinunterführen. Morgens kann man dort sitzen und zusehen, wie die Sonne hinter dem Wald am gegenüberliegenden Ufer aufgeht. Die kleinen und großen Boote auf dem Wasser und die Pilger sorgen zusätzlich für eine meditative Atmosphäre.

Ich komme jedes Jahr in die Stadt, und so habe ich dort Bekanntschaft mit einem alten Mann gemacht, der frühmorgens auf den Stufen seinen kleinen Stand aufbaut, um Chai-Tee zu verkaufen: ein paar Gläser, einen runden Mörser zum Zerstoßen von Ingwer und einen alten Gaskocher. Wenn ich morgens noch ziemlich unausgeschlafen auftauche, reicht er mir schnell einen Chai mit extra viel Ingwer gegen die Halsschmerzen, unter denen ich dort wegen der starken Temperaturschwankungen zwischen Tag und Nacht immer leide. Er bereitet den Chai genauso zu, wie ich ihn mag, und ihn zu trinken und dabei den Sonnenaufgang zu betrachten gehört zu meinem festen morgendlichen Ritual.

Eines Tages aber wurde ich zufällig Zeuge, wie der alte Mann die Stufen hinuntereilte, um seinen Wasserkessel mit Flusswasser zu füllen. Ich war so schockiert! Der Tee, den ich seit Jahren trank, wurde mit dieser Schmutzbrühe gekocht? Ich fühlte mich betrogen.

Fortan machte ich einen großen Bogen um den Raj Ghat, was sehr schade war; aber ich wusste, dass ich es nicht fertigbringen würde, den Chai abzulehnen, den der alte Mann mir reichte. Wenn ich doch einmal an der Stelle vorbeikam, richtete ich den Blick starr geradeaus und eilte an ihm vorbei; oder ich suchte mir gleich einen anderen Ghat. Obwohl ich ihm den Rücken kehrte, spürte ich, wie er mir jedes Mal wehmütig nachschaute. Doch sosehr ich meinem jahrelangen Stammplatz auch nachtrauerte, ich sah keine andere Möglichkeit.

Im letzten Winter war ich wieder in Varanasi und kam frühmorgens am Raj Ghat vorbei. Da stand der alte Mann plötzlich direkt vor mir. Er freute sich, mich zu sehen, umarmte mich herzlich und fragte mich, seit wann ich wieder im Lande sei und wie lange ich diesmal bleiben würde. Natürlich bot er mir seinen Chai an. Nach kurzem Zögern beschloss ich, dass mich ein Glas seines Gangeswassergebräus schon nicht umbringen würde, und setzte mich auf die Stufen. Sein Ingwertee war so gut wie immer! Doch gerade als ich mir einreden wollte, dass das Wasser ja aus dem heiligen Fluss stamme und darum vielleicht etwas für sich hätte, sprang der alte Mann auf und eilte mit seinem Kessel die Treppe hinunter, um Wasser zu holen.

Da konnte ich mich nicht mehr zurückhalten. Ich musste ein ernstes Wort mit ihm reden. Ich erklärte ihm, dass sein Chai vorzüglich sei und mir dieser Platz außerordentlich gut gefalle, ich aber ganz und gar nicht damit einverstanden sei, dass er ihn mit schmutzigem Flusswasser kochte. Das sei nicht nur unhygienisch, sondern auch gegen das Gesetz. Der Alte schaute mich entgeistert an. Er habe seinen Chai noch nie mit Wasser aus dem Ganges gekocht, behauptete er. Das war ein starkes Stück! Wie konnte er mir so ins Gesicht lügen? Ich hatte doch gerade mit eigenen Augen gesehen, dass er, die aufgehende rote Sonne im Rücken, am Fluss Wasser geschöpft hatte.

Entsetzt stellte ich mein halb volles Glas ab. Da deutete der alte Mann mit der Hand die Steintreppe hinunter. Ich solle selbst ans Ufer gehen und schauen. Ich verstand nicht, was das sollte. Trotzdem stieg ich die Stufen hinab, und da sah ich es: Direkt über dem Fluss mündete ein Rohr, aus dem ein kräftiger Wasserstrahl sprudelte. Es stammte aus einem Tiefbrunnen, der bis hinab ins Grundwasser reichte. Ich hatte nicht gewusst, dass an einigen Stellen entlang des Ganges solche Grundwasserrohre installiert waren, um die Anwohner mit sauberem, bedenkenlos trinkbarem Wasser zu versorgen.

Die Rohrleitungen der öffentlichen Wasserversorgung seien alt und verrostet, und er traue dem Wasser nicht, erklärte mir der

Mann, als ich mich wieder zu ihm setzte. Ich mochte ihm kaum in die Augen schauen, so sehr schämte ich mich für die falsche Verdächtigung. Außerdem schmecke es schlecht und würde den Chai verderben, fügte er hinzu.

Später erfuhr ich, dass die anderen Chaiverkäufer an den Ghats von Varanasi durchaus um die gute Qualität des Grundwassers wussten, sie es aber nicht verwendeten, weil Ortsfremde sonst leicht auf die Idee kommen könnten, sie würden ihr Wasser aus dem Ganges schöpfen. Es brauchte nur ein einziger Tourist zuzuschauen, wie einer von ihnen zum Fluss hinunterlief, um seinen Kessel zu füllen. In manchen Reiseführern ist sogar ein entsprechender Warnhinweis zu lesen.

Wie gut kennen wir einen Menschen, den wir zu kennen behaupten? Gibt es noch einen Ausdruck wie »jemanden kennen«, der das exakte Gegenteil von dem bedeutet, was er auszusagen vorgibt? Die Behauptung, einen anderen zu kennen, trifft nie ganz zu, wie nah sich zwei Menschen auch immer stehen mögen. Mit jedem vorschnellen Urteil riskieren wir, den anderen vor den Kopf zu stoßen. Fühlt sich eine Beziehung zunehmend leer an, liegt das nicht etwa daran, dass wir einander nicht gut genug kennen, sondern an unserer irrigen Meinung, den anderen wirklich zu kennen. Meist sehen wir allenfalls, welche Richtung der andere einschlägt, und machen uns nicht die Mühe zu erfahren, wo genau er sein Wasser schöpft. Jemanden zu kennen, also wahrhaft in Verbindung zu sein, heißt, uns von unseren Vorurteilen zu befreien und gemeinsam mit ihm bis hinunter ans Ende der Treppe zu gehen.

Noch bei anderer Gelegenheit habe ich in Varanasi gelernt, wie wenig ich doch von einem anderen wusste. Abends fand sich am Ghat jedes Mal eine Schar von Kindern ein, die Touristen Postkarten oder Blumenlaternen verkauften, und wenn ich auf den Stufen saß, um zu schreiben oder meinen Chai zu trinken, umringten sie mich immer. Eines dieser Kinder hieß Pintu, was ihm bei den anderen den Spitznamen »Phetu« - »Vielfraß« - eintrug. Ich hatte bei dem Jungen den Eindruck, er sei etwas schwer von Begriff.

Das Rechnen fiel ihm besonders schwer, und angesichts seiner Schwäche im Addieren und Subtrahieren war zu befürchten, dass beim Aushändigen des Restgelds mal der Kunde und mal er selbst draufzahlte. Darum beschloss ich, mit ihm ein wenig zu üben. Die Bananen, die ich auf dem Markt gekauft hatte, sollten mir als Lehrmaterial dienen.

»Pintu, wenn ich dir eine Banane gebe und dann noch eine und noch eine. Wie viele Bananen hast du dann insgesamt?«

Pintu verdrehte die Augen gen Himmel, zählte mit dem rechten Daumen die Finger der linken ab und kam zu dem Ergebnis: »Vier!«

Ich fing von vorne an: »Ich gebe dir jetzt eine Banane. Dann gebe ich dir noch eine, und dann noch eine. Wie viele Bananen hast du dann?«

Den Blick so angestrengt nach oben gerichtet, dass von seinen Augäpfeln nicht viel mehr als das Weiße zu sehen war, zählte er seine Finger noch gewissenhafter ab. Dann kam er zu dem Schluss: »Vier.«

Ich wusste nicht recht weiter, und so legte ich ihm eine Banane nach der anderen in die Hand. »Pintu«, sagte ich. »Denke jetzt bitte nicht daran, sie zu essen. Hör mir einfach gut zu. Hier hast du eine Banane. Und hier noch eine. Das macht zwei Bananen, die ich dir gegeben habe. Richtig? Jetzt gebe ich dir noch eine. Wie viele Bananen hast du nun insgesamt?«

Pintu merkte, dass etwas an seiner Rechnung nicht stimmte, und so verdrehte er diesmal nicht nur die Augen, sondern legte auch noch die Stirn in Falten. Dann brachte er zaghaft hervor: »Vier.«

Ich versuchte, mir nichts anmerken zu lassen, aber insgeheim ärgerte ich mich. Seit einem Jahr hatte ich Geld gespendet, um diesen Kindern den Schulbesuch zu ermöglichen, und ich war maßlos enttäuscht. Ich zählte einzeln die Bananen ab, die Pintu in den Händen hielt: »Eins, zwei, drei.« Der Junge muss die Gereiztheit in meiner Stimme gespürt haben, denn er fing zu weinen an. Das tat mir so leid, dass ich ihm den Arm um die Schulter legte. »Ist schon in Ordnung«, sagte ich. »Du kannst die Bananen behalten. Rechnen üben wir ein andermal weiter.«

Mit dem Ärmel wischte sich Pintu die Tränen von den Wangen. Dann zog er mit gesenktem Blick eine weitere Banane aus der Hosentasche hervor. Zusammen mit den dreien, die ich ihm gegeben hatte, hatte er wirklich vier.

Ich fühlte mich wie ein Protagonist in einem Lehrstück. »Jemanden zu kennen ist, als würde man den Mond durch den Ozean hören. Es scheint unmöglich, selbst während es geschieht«, hat einmal ein Dichter geschrieben. Ich hatte mir keinerlei Mühe gegeben, diesen Jungen wirklich zu verstehen, und keine Ahnung gehabt, was in ihm vorging. Trotzdem wollte ich ihm meine Rechnung aufzwingen. War das nicht irgendwie krank?

Eine tibetische Volksweisheit rät, sich einen, der zu predigen beginnt, kaum dass man Platz genommen hat, nicht zum Lehrer zu nehmen. Eine Belehrung, die ohne tiefes Verständnis des anderen erfolgt, ist genau genommen eine Nötigung, mit der wir ihn verletzen. Dass ich recht habe, bedeutet nicht zwangsläufig, dass der andere unrecht hat. Wir können einen anderen zum Aufblühen bringen. Das bedeutet jedoch, ihm dabei zu helfen, seine Blüte zum Erblühen zu bringen, und nicht unsere eigene zu wässern. Wer von uns beiden war nun schwer von Begriff? Nicht Pintu, sondern ich!

Der amerikanische Trappistenmönch Thomas Merton schrieb in seinem Buch *Keiner ist eine Insel:* »Jeder ist ein selbständiger Mensch, weil er seine Geheimnisse und seine Einsamkeit hat, über die er nicht mit anderen reden kann. Lieben wir jemanden, dann sollen wir auch das lieben, was ihn zu einem selbstständigen Menschen macht. Wir verwüsten häufig unsere eigene Seele und die anderer Menschen. Weil wir uns ins Zentrum stellen und aus unserer Lebensart über andere urteilen.«

ICH BIN ES

Auf meinen Reisen durch Kaschmir sah ich oft Einheimische – meist Anhänger irgendwelcher religiösen Gruppierungen –, die in kleinen Grüppchen auf der Straße beieinandersitzen und miteinander singen. Ich verstand zwar nicht, worum es in ihren Liedern ging, die Stimmen und Melodien aber berührten mich so tief, dass ich einmal auf eine Schar solcher Sänger zuging und mir den Hintergrund erklären ließ. Es seien Gedichte von Lalla, die sie sängen, sagten sie mir. Neben Rumi und Kabir gilt Lalla, auch Lalleshwari oder Lal Ded genannt, als Blüte der Dichtkunst in der persisch-indischen Mystik.

Als Tochter einer wohlhabenden Familie wurde Lalla von ihrem Vater, der zur Kaste der Brahmanen gehörte, selbst unterrichtet. Dem damaligen Brauch entsprechend verheiratete man sie im Alter von zwölf Jahren, was ihr Leben von Grund auf veränderte. Besonders ihre Schwiegermutter empfand für sie nichts als Verachtung und behandelte sie entsprechend. Sie legte ihr einen Stein in ihre Essensschale, sodass es aussah, als bekäme sie reichliche Portionen. Während die übrige Familie an Festtagen Lammfleisch aß, gab es für Lalla nur diesen Stein. Sie fügte sich in ihr

Schicksal und wusch klaglos nicht nur ihre Schale, sondern auch den Stein ab und legte ihn für die nächste Mahlzeit hinein. Ihren Mann kümmerte dies alles nicht.

Jeden Tag musste sie in der Morgendämmerung aus dem Fluss Wasser holen, und weil es kein weiter Umweg war, nutzte sie die Gelegenheit, um zu einem Kloster zu laufen und dort eine Weile zu beten. Ihrer Schwiegermutter entging jedoch nicht, dass sie länger unterwegs war als nötig, und sie unterstellte ihr, dass sie sich zu einem Liebhaber schlich – ein Verdacht, mit dem sie sogleich zu Lallas Mann eilte, der sie so heftig schlug, dass der Krug auf ihrem Kopf zersprang. Es war ein so erbarmungslos kalter Wintertag, dass das Wasser darin gefroren war und seine Form behielt, selbst als die Scherben zu Boden fielen. Lalla war vierundzwanzig, als sie aus dem Haus ihrer Schwiegereltern floh und einen Schlussstrich unter ihre furchtbare Ehe zog.

Halb nackt und ziellos irrte sie herum, und in ihrer Verzweiflung betete sie zu Gott: »Ich bin es, Lalla.« Das waren ihre einzigen Worte, und mehr waren auch nicht vonnöten. Wenn unsere Seele unerträglich leidet, genügt es doch, zu dem, der uns in- und auswendig kennt, »Ich bin es« zu sagen. Würde uns ein Freund in tiefster Not anrufen und sagen: »Ich bin es«, dann brauchte er doch nichts hinzuzufügen. Verstünden wir den Sinn dieser Worte nicht, wären wir kein wahrer Freund.

Wenn wir zu Gott »Ich bin es« sagen, offenbaren wir ihm nicht nur unser Leid und unsere Verzweiflung, sondern unser innerstes Wesen, unsere ganze Wahrheit, und geben unseren Willen preis. Wir stehen nicht mehr in Lumpen gehüllt vor ihm, beschämt oder ohnmächtig; als einer, der bei einer schweren Prüfung versagt hat. Nein! Mit »Ich bin es« stellen wir uns ins Zentrum unseres Lebens und erklären, dass wir es nach unseren eigenen Vorstellungen zu führen gedenken.

Lalla betete: »Ich bin es, Lalla, wer auch immer du bist.« Ich spreche zu dir und strecke meine Hand nach dir aus, ob du nun Gott bist, eine unendliche Kraft oder das gesamte Universum. Wisse, dass ich hier bin, auf dieser Erde, dass ich mit beiden Beinen fest im Leben stehe. »Ich« ist in diesem Fall nicht das Ego, sondern das wahre Ich, ich selbst. Ich bin nicht mehr allein, und die Welt, die ich in mir trage, ist viel größer als unser Planet. Dieser Glaube hielt Lalla aufrecht, als sie ihr Tal des Leidens durchschritt.

Wenn unsere Seele zu zerspringen droht und sich in unserem Inneren Abgründe auftun – das sind die Stunden, in denen wir Gebete brauchen. Es gibt deren so viele in den verschiedenen Religionen, aber ich kenne kein wahrhaftigeres und schöneres als das von Lalla. Es liegt darin eine bedingungslose Lebensbejahung, welches Leid sie auch durchlebt haben mag.

»Ich bin es, Lalla.«

Schau mich an. Nichts verdeckt mich, und so stehe ich vor dir. Ich trage weder Kleidung noch Schmuck. Ich habe weder Familie noch Freunde, die mich verstehen, doch nun ist es an der Zeit, meinen Schmerz zu begraben. Ich will mein Leben nicht sinnlos beenden. Kein Leid, keine Verzweiflung kann mich zerstören. Wie groß die Not auch sein mag, ich stehe wieder auf … bis ich irgendwann spüre, dass die schwere Prüfung zu Ende ist. Dann werde ich erkennen, dass dieses zufällige Leben ein Geschenk ist.

Nackt, wie sie ist, singt Lalla:

Tanze, Lalla, in deinem Kleid aus Luft.
Singe, Lalla, in den Himmel gehüllt.

Sieh, wie er strahlt, dieser Tag.
Welches Gewand könnte schöner sein,
welches heiliger?

Ist es nicht so, dass in diesem Moment nicht nur der »Tag«, sondern das »Ich« erstrahlt? Ich existiere, jetzt, in diesem Moment, singt Lalla, die sich aller Heuchelei und allen falschen Scheins entledigt hat und vollkommen entblößt dasteht, nur in Luft und den Himmel gehüllt. »Sieh, wie er strahlt, dieser Tag«, singt sie, nachdem sie dem Leid entronnen ist, und sagt damit: »Sieh, wie es strahlt, dieses Ich« und »Welches Gewand könnte schöner sein?«

Machen wir uns Lallas Gebet zu eigen! Offenbaren wir unser innerstes Wesen, schreien wir es laut in die Welt hinaus, um das Leben zu führen, das wir uns in der Tiefe ersehnen, damit unsere Seele neu geboren wird. Unser irdischer Weg ist eine nimmer endende Suche nach uns selbst. Ob im Bus, am Strand, im Himalaya, in Gedanken oder in den Worten: »Ich bin es.«

Achte auf die Wegweiser, die Gott für dich aufstellt, um an dein Ziel zu finden. Das, wonach du suchst, sucht eigentlich nach dir. Gibt es Weggabelungen, an denen du vorbeigegangen bist? Schaue kurz zurück. War da ein Zeichen, das deinen Blick anzog, in irgendeiner Gasse in

6

irgendeinem Ort, durch den du gekommen bist? Oder fällt dir ein Satz in einem Buch ein, in dem du zufällig geblättert hast, ein Satz, der womöglich dein Leben verändert hätte? Erinnerst du dich an den Moment, als dieser Satz dich ansprach?

EIN EINZIGER WAHRER SATZ

Von 1921 bis 1926 lebte Ernest Hemingway in Paris. Etwa dreißig Jahre später, kurz vor seinem Tod, beschrieb er diese Zeit in seinem posthum erschienenen Buch *Paris – Ein Fest fürs Leben*. Schonungslos schildert er darin, in welch armen Verhältnissen er lebte, bevor er schließlich als Schriftsteller Weltruhm erlangte. Er beschreibt die Sorgen, die es ihm bereitete, eine Familie ernähren zu müssen, ohne einen *Sou* in der Tasche zu haben, erzählt Geschichten aus dem Leben mit seiner ersten Frau und gibt nicht zuletzt Anekdoten aus seinen Begegnungen mit seinem besten Freund, F. Scott Fitzgerald, preis, dem Verfasser von *Der große Gatsby*.

Auch über seine Freundschaft mit Silvia Beach ist zu lesen, der Besitzerin der privaten Leihbücherei *Shakespeare and Company*, wo er Bücher auslieh, aber die Gebühr dafür schuldig blieb, weil ihm das Geld dazu fehlte; wie er den ganzen Vormittag im *Les Deux Magots* bei einem einzigen Café Crème saß und schrieb, während die Kellner putzten und das Café ausfegten; wie er James Joyce begegnete, dem Verfasser der *Dubliners*, dem einzigen Schriftsteller seiner Zeit, den Hemingway bewunderte; und wie er den Dichter Ezra Pound kennenlernte, den Anhänger des Imagismus, den Hemingway nach eigener Aussage damals als Kritiker am liebsten mochte und am meisten schätzte.

Er beschreibt, wie er Kosten sparte, etwa indem er seiner Frau sagte, er sei zum Lunch eingeladen, um dann zwei Stunden im *Jardin du Luxembourg* spazieren zu gehen oder ein Museum zu besuchen. Nicht selten nahm er Umwege über Gassen in Kauf, wo man »nichts Essbares sah und roch«, um verlockenden Düften zu entgehen. Er verfügte über keinerlei Einkommen, weil er den Journalismus aufgegeben hatte, ihm in Amerika aber keiner seine Kurzgeschichten abkaufen wollte.

Dennoch schämte er sich seiner Armut keinesfalls. »Wir hielten uns eben niemals für arm«, schrieb er. »Wir wollten es nicht wahrhaben. Wir hielten uns für sehr erhaben, andere Leute, auf die wir herabsahen und denen wir mit Recht misstrauten, mochten reich sein.«

Hemingway hat mir mit *Paris – Ein Fest fürs Leben* viel Trost und Kraft gespendet, als ich, einundzwanzigjährig und Literaturstudent im zweiten Studienjahr, Gedichte schrieb, die nicht einmal ich selbst verstand. Ich las das Buch, das in der koreanischen Übersetzung den Titel *Das Fest einer traurigen Stadt* trägt, und schon kam mir mein verschimmeltes Untermietzimmer oder das Leben auf der Straße irgendwie erträglich vor. Es gibt Bücher, in denen wir keine Zeile zu unterstreichen brauchen – dann nämlich, wenn wir mit dem Autor eins werden; wenn wir mit ihm grübelnd auf der Parkbank sitzen und gemeinsam mit ihm träumen.

In *Paris – Ein Fest fürs Leben* heißt es: »Die Notizbücher mit den blauen Rücken, die zwei Bleistifte und der Bleistiftanspitzer (ein Taschenmesser war zu verschwenderisch), die Tische mit den Marmorplatten, der Geruch des frühen Morgens, des Ausfegens und Aufwischens und Glück war alles, was du brauchtest. Als Talisman trugst du eine Kastanie und eine Hasenpfote in der rechten Tasche. Das Fell von der Hasenpfote war schon lange abgeschabt, und die Knochen und Sehnen waren durchs Tragen poliert. Die Krallen ribbelten das Futter deiner Tasche auf, und du wusstest, dein Glück war noch da.«

Eine Hasenpfote als Glücksbringer bei sich zu tragen ist ein Brauch, der im keltischen Aberglauben wurzelt und in Europa und Südamerika lange weit verbreitet war. Da ich weder Kastanie noch Hasenpfote besaß, steckte ich mir eine auf dem Campus aufgelesene Sicherheitsnadel an das Futter meines schwarzen Mantels. Später eine zweite und dritte, bis es so viele waren, dass der ohnehin mürbe Stoff bald verschliss. In Phasen, in denen es mir besonders schlecht ging und ich noch mehr Glück brauchte als sonst, steckte ich mir wahllos alles Mögliche in die Tasche – einen Bleistiftstummel, eine blaue Murmel, die ich auf der Straße fand, einen Knopf.

Die Glücksbringer, die ich im Kopf mit mir herumtrug, waren Hemingways Sätze, die ich bis heute auswendig weiß, so oft habe ich sie vor mich hergesagt: »Mach dir keine Sorgen. Bisher hast du immer geschrieben, und jetzt wirst du auch schreiben können. Alles, was du tun musst, ist, einen wahren Satz schreiben. Schreib den wahrsten Satz, den du weißt.«

Wenn er mit dem Schreiben nicht weiterkam oder ihn Zukunftsängste plagten, stand er am Fenster seiner Dachwohnung, schaute über die Dächer und Schornsteine von Paris. Gelang es ihm, einen wahren Satz zu schreiben, machte er von da aus weiter. Das erleichterte ihm die Sache, denn es gab immer einen wahren Satz, den er wusste oder gelesen hatte oder jemanden hatte sagen hören. Wenn er anfing, sorgsam ausgearbeitete Sätze zu schreiben, fand er, dass er die Schnörkel oder Verzierungen wegschneiden und fortwerfen konnte und mit dem ersten, wahren, einfachen Aussagesatz, den er geschrieben hatte, anfangen konnte.

Ein wahrer Satz! Mein Herz raste. Dies war der Talisman, den Hemingway mir schenkte. Seither sind über dreißig Jahre vergangen, aber noch jetzt fange ich das Schreiben mit der Frage an: »Was ist heute mein wahrer Satz?«

Man könnte meinen, Hemingway sei ein geborenes Schriftstellergenie gewesen, aber er hat es sich nie einfach gemacht. Ob in jungen Jahren oder in seiner späteren Karriere, er setzte sich zum Schreiben jeden Tag zur selben Zeit an denselben Platz. Er hatte das Gefühl, er würde sein Talent fortwerfen, sobald er den Bleistift aus der Hand legte.

»Ich werde das Schreiben niemals vergessen. Ich bin geboren zum Schreiben, bisher war es so, und in Zukunft wird es auch so bleiben. Ich werde nicht darauf eingehen, was die Leute über mein Buch sagen, egal ob Roman oder Kurzgeschichte.«

Und er erinnert sich: »Der Tag hatte so heiter begonnen. Morgen würde ich schwer arbeiten müssen. Arbeit könne beinah alles heilen, glaubte ich damals, und ich glaube es noch heute.«

Nach seiner Pariser Zeit schrieb Hemingway Werke wie *Fiesta, In einem anderen Land, Wem die Stunde schlägt, Der alte Mann und das Meer* und andere, die in der Weltliteratur für immer ihren festen Platz haben werden.

Als Arnold Samuelson beschloss, Schriftsteller zu werden, wandte er sich Rat suchend an Hemingway und der empfahl ihm: »Schreiben Sie. Anstatt so den Mut zu verlieren. Sie sind der Mensch unter meinen Bekannten, der am leichtesten den Mut verliert. Das mag ein Anzeichen für Genie sein, ist aber auch eine Aufgabe, die Sie zu überwinden haben.«

»Wo fängst du an? Was ist das Thema deines Lebens?«, fragt mich Hemingway, der auch jetzt neben mir steht. Wie lautet dein wahrer Satz? Dein wahrer Gedanke? Der wahre Schritt? Das wahre Lied?

DER MANN, DER DEN FALLSCHIRM GEFALTET HAT

Jedes Jahr gibt es eine Zeit, in der auffallend viele angehende Kollegen mich aufsuchen und mich um Rat bei ihren Gedichten bitten. Für mich ist das ein Zeichen, dass der Dezember naht und die Tageszeitungen begonnen haben, Bewerbungen für die alljährlich im Frühling stattfindenden Literaturwettbewerbe entgegenzunehmen.

In meinem ersten Studienjahr entdeckte ich in der Stadt zufällig einen Aushang am Gebäude einer Tageszeitung: »Heute läuft die Anmeldefrist für den diesjährigen Literaturpreis ab.« Ich sah darin ein Zeichen der göttlichen Vorsehung und begab mich sogleich in die Feuilleton-Abteilung. Wie es aussah, waren alle Journalisten auf Recherche außer Haus. Nur eine Frau saß an ihrem Schreibtisch. Ich sagte ihr, dass ich mich für den Literaturwettbewerb anmelden wolle und bat sie um einen Block Papier. Sie warf mir einen misstrauischen Blick zu und deutete schlecht gelaunt mit dem Kugelschreiber auf einen Schrank, auf dem ein Stapel Blöcke lag. Sie mochte von mir denken, was sie wollte! Ich setzte mich an einen Schreibtisch, schrieb eine Anzahl meiner Gedichte auf, die ich alle auswendig konnte und reichte sie ein.

Der Name, der in der Neujahrsausgabe der Zeitung unter dem Foto des Preisträgers in der Kategorie Lyrik stand, war nicht meiner. Das versetzte mir zwar einen Schlag, aber der war nicht heftig genug, um mir mein Selbstvertrauen gänzlich zu rauben. Nicht nur, dass ich mich auf diese spontane Weise beworben hatte. Ich war zudem unter den dreien, die es bis ins Finale geschafft hatten – für mich Grund genug, um mich im nächsten Jahr so umfassend auf den Wettbewerb vorzubereiten, dass ich sogar meine Vorlesungen schwänzte. Und ich bekam ihn, den Preis dieser Zeitung.

Ein paar Tage vor der Verleihung erhielt ich einen Anruf von meiner Schwester, die mit ihrem Mann ebenfalls in Seoul lebt. Unser Vater sei überraschend gekommen, eröffnete sie mir. Ich fuhr zu ihr, und tatsächlich, da war er – in seinem altmodischen Anzug, dem einzigen, den er besaß. Hinter vorgehaltener Hand fragte ich meine Schwester, ob sie den Grund seines Besuchs kenne, und sie murmelte, es könne etwas mit der Preisverleihung zu tun haben. Ich schüttelte entschieden den Kopf. Ein kleiner Erfolg wie dieser sei doch nichts Besonderes. Deswegen müsse man doch in der Familie nicht viel Aufhebens machen. So eine Veranstaltung sei eher peinlich. Ein Dichter, der im Rampenlicht steht … das passe ganz und gar nicht zusammen! Ich überlege selbst, ob ich überhaupt daran teilnehmen solle. Ich sagte dies alles so laut, dass mein Vater es im Nebenzimmer hören musste.

Da ich der Preisverleihung unmöglich fernbleiben konnte, ging ich mit meinen Kommilitonen trotzdem hin. Nach der Veranstaltung lud ich sie alle in eine Bar ein, um mit ihnen mein Preisgeld zu verjubeln, und ich kam völlig betrunken nach Hause. Später erfuhr ich, dass mein Vater den ganzen Abend auf meinen Anruf gewartet hatte und am nächsten Morgen nach Hause gefahren sei. Auf den Tag genau zwei Jahre später erlag er einem Krebs.

Ich saß gerade im Café Hakrim in der Nähe der Uni, das damals so etwas wie mein Wohnzimmer war, als mich am frühen Abend meine andere Schwester anrief, die in der Nähe meiner Eltern wohnte. Der Zustand meines Vaters sei kritisch, eröffnete sie mir. Ich borgte mir Geld für den Fernbus, der in die nächstgelegene Stadt fuhr. Von dort aus musste ich über drei Stunden zu Fuß in unser Dorf laufen, da der letzte Bus längst abgefahren war. Die neu asphaltierte Straße führte an einem zugefrorenen Fluss entlang, der im Mondlicht schimmerte, wie ich es aus meiner Kindheit in Erinnerung hatte, und ich begegnete niemandem außer den schemenhaften Gestalten der Wildtiere. Ich sehe mich durch diese Winterlandschaft laufen, als wäre es gestern gewesen.

Es heißt, der Fluss sei Sinnbild für die fließende Aneinanderreihung von Lebensereignissen, aber ein Teil meines Lebens steckt festgefroren in jenem Moment. Als ich endlich am Bett meines Vaters saß, schlug er die Augen auf, schaute mich an und schloss sie für immer.

Als ich mich nach dem Begräbnis um seinen Nachlass kümmerte, fiel mir eine kleine, mit einem Vorhängeschloss gesicherte Holzkiste in die Hände, in der er seine persönlichen Dinge aufbewahrt hatte. Ich fand darin unter anderem einen vergilbten Umschlag mit Schwarz-Weiß-Fotos. Mein Vater war mit zwanzig Jahren nach Japan gegangen, und die Bilder stammten aus dieser bewegten Zeit und den Reisen, die ihn bis zu den

Philippinen und nach Indonesien geführt hatten. Ich hatte von alledem keine Ahnung gehabt, und staunend sah ich ihn neben einer Gruppe exotisch anmutender Frauen auf einem Schiff posieren. Dann heiratete er, wurde mehrfacher Vater und verdingte sich in einem Holzfällercamp auf Hokkaido, um seine Familie zu ernähren. Ihn im Kreis seiner Kollegen zwischen riesigen Bäumen stehen zu sehen, zeigte mir eine völlig unbekannte Seite von ihm.

In der Kiste lag auch ein sorgfältig zusammengefalteter Zeitungsartikel, in dem über den Ausgang meines Literaturwettbewerbs berichtet wurde. Woher hatte er diese Zeitung? Und warum hatte ich mich so schrecklich benommen? Wieso wusste ich nicht, dass er als junger Mann durch die Welt gereist war? Dass er mit Tuberkulose in die Heimat zurückgekehrt war und trotzdem bis an sein Lebensende den Acker bestellte, um seine Familie durchzubringen? Dem Brauch folgend wollte meine Mutter alles verbrennen, was meinem Vater gehörte, auch seinen einzigen Anzug mit dem schmalen Kragen, aber ich nahm ihn mit nach Seoul und trug ihn, bis er auseinanderfiel.

Vor Kurzem schickte ein Freund aus Delhi mir folgende Geschichte: Während des Zweiten Weltkriegs gab es einen legendären Luftwaffenkommandanten namens Anand. Er drang mit seinen Männern in feindliche Stützpunkte ein, zerstörte wichtige Materialdepots und unterminierte mit seinen Aktionen die Moral der feindlichen Truppen. Als sein Flugzeug unter gegnerischen Beschuss geriet, kam er dank seines vorschriftsmäßig gefalteten Fallschirms mit heiler Haut davon. Nach seiner Entlassung aus dem Militärdienst kehrte er in seine Heimat zurück.

Eines Tages saß er in einem Café, als ein Mann vor ihn hintrat und ihn militärisch begrüßte. Anand konnte sich nicht erinnern, ihm je begegnet zu sein, und fragte ihn, ob sie sich von irgendwoher kennen.

»Ja, Herr Kommandant«, sagte der Mann. »Ich kenne Sie gut, ich war in Ihrer Staffel. Als Ihr Flugzeug vom Feind abgeschossen wurde, konnten Sie sich mit dem Fallschirm retten. Ich war derjenige, der an jenem Tag Ihren Fallschirm gefaltet und Ihnen ins Flugzeug gelegt hatte. Ich war unglaublich froh und stolz, als ich hörte, dass Sie damit sicher gelandet sind.«

Anand stand auf und umarmte den Mann. Mit Tränen in den Augen bedankte er sich bei ihm. Es war seiner Sorgfalt zu verdanken, dass er noch am Leben war. Hätte sich der Fallschirm nicht geöffnet, wäre er damals in den Tod gesprungen.

An jenem Abend konnte Anand nicht schlafen. Wie oft musste er dem Mann während seiner Dienstzeit über den Weg gelaufen sein, wo sie doch beide in derselben Staffel gewesen waren. Trotzdem hatte er ihn nicht bemerkt, bloß weil er der große Kommandant und der Mann ein einfacher Soldat gewesen war.

Wie oft nehmen wir im Leben von den Menschen Notiz, die für uns den Fallschirm falten? Kann es sein, dass wir die Menschen übersehen, die uns unterstützen, für uns beten und für uns in jedem wichtigen Moment alle möglichen materiellen und emotionalen Fallschirme bereitlegen, damit wir sicher landen können? Und wie oft falten wir Fallschirme für andere?

ICH, DAS ORIGINAL – DU, DIE FÄLSCHUNG

Safran wird grammweise gehandelt und kostet etwa so viel wie Gold. Das wohl teuerste Gewürz der Welt besteht aus den roten Narben (oder »Griffeln«) der aus den Knollen eines Krokusgewächses wachsenden Safranblüten, die einzeln herausgezupft und in getrocknetem Zustand verwendet werden. Um ein Gramm Safran zu gewinnen, benötigt man sage und schreibe einhundertsechzig Safranknollen und etwa fünfhundert Narben, was dem Gewürz den Namen »rotes Gold« eingetragen hat. Getrocknet sehen die Narben wie Fäden aus, und sie haben ein einzigartiges Aroma und einen unverwechselbaren Geschmack. Ursprünglich wurde Safran im Mittelmeerraum und in den arabischen Staaten angebaut, aber er wird bereits in der griechischen Mythologie erwähnt und wurde in verschiedenen Kulturen nicht nur als natürliches Gewürz, sondern auch wegen seiner medizinischen und kosmetischen Wirkung, als Färbemittel und Beigabe in religiösen Zeremonien geschätzt.

Der Name Safran ist arabischen Ursprungs. In Indien heißt das Gewürz *»Kesar«*, und als ich das letzte Mal dort war, traf ich auf einem Gewürzmarkt meinen Freund Kamlesh. Als ich ihm sagte, dass ich auf der Suche nach »Kesar« sei, riet er mir zu größter Vorsicht, da es viele Fälschungen gäbe. Als ich ihn nach einer vertrauenswürdigen Quelle fragte, bot er mir an, mir selbst welchen zu besorgen.

Kamlesh ist Versicherungsmakler und kennt darum sämtliche Besitzer all der kleinen Geschäfte in einem Radius von zehn Kilometern. »Ich weiß da einen guten Laden«, versicherte er mir. »Den Leuten kannst du vertrauen. Ein Bruder des Besitzers hat die Frau geheiratet, deren Bruder Trainer meines Schwagers war, als der noch Kricket spielte. Der Besitzer gehört also quasi zu meiner Familie.« Auch wenn sich das Ganze etwas kompliziert anhörte, rief er »Kein Problem!«, bevor er sich eiligen Schritts auf den Weg machte. Am selben Abend tauchte er wie versprochen mit einer kleinen Menge »Kesar« in einem Plastiktütchen auf.

Ich hatte zwar keine Ahnung, aber die Ware, die er mir brachte, war definitiv echt. Allein der Anblick des dunkelroten, fadenförmigen, eigenartigen Gewürzes ließ mein Herz höherschlagen. In der griechisch-römischen Antike wurde Safran als Färbemittel für Stoffe verwendet, die den Mitgliedern des Königshauses vorbehalten waren. Wer bei der Herstellung von Fälschungen ertappt wurde, wurde mit dem Tod bestraft. Kamlesh holte ein Glas Milch und streute ein paar der Fäden hinein, und sogleich nahm diese eine wunderschöne gelbe Färbung an – ein unanfechtbarer Beweis dafür, dass es sich um echten »Kesar« handelte. Ich war begeistert. Ich würde mir jeden Tag ein klein wenig davon in meinen Tee und meine Milch geben!

Meine Freude war jedoch nur von kurzer Dauer. Tags darauf traf ich mich mit meinem Freund Adesh in einem Café und erzählte ihm, wie ich an meinen Safran gekommen war. Er regte sich fürchterlich auf. Wie ich nur so naiv sein und einem Gewürzladen vertrauen könne! »Kesar« sei so teuer, da sei alles, was im normalen Handel angeboten würde, reine Fälschung und bloß gefärbte Staubfäden von irgendwelchen x-beliebigen Blüten. Manchmal stammten sie sogar von Pflanzen, die man tunlichst nicht verzehren solle. Er führte zwar nicht im Einzelnen aus, mit welchen Nebenwirkungen in diesem Fall zu rechnen sei, aber so wie er die Sache schilderte, hörte es sich äußerst gefährlich an. Adesh versprach, mir bis zum nächsten oder übernächsten Tag echten »Kesar« zu besorgen. Ich könne ihm das ruhig überlassen.

Adesh gehört der Kaste der Brahmanen an und hat gute Beziehungen zu den Priestern, die in einem nahe gelegenen Hindutempel allabendlich ihre religiösen Zeremonien abhalten, bei denen »Kesar« als Beigabe nicht fehlen darf. Sie beziehen ihn stets von ein und demselben Lieferanten ihres Vertrauens.

Inzwischen hatte ich das Gewürz schon einmal gesehen, war also kein absoluter Laie in dessen Beurteilung mehr, und die Ware, die mir Adesh voller Stolz in ein Stück Zeitungspapier eingewickelt über den Tisch schob, wirkte auf mich absolut echt. Gab ich ein paar Fäden davon in meine Milch, nahm sie wie gewünscht eine intensive gelbe Farbe an. Dass es eine Weile dauerte, bis dies geschehen war, sei gut und richtig, meinte Adesh. Es sei ein Merkmal von künstlich eingefärbter Ware, den Farbstoff sehr schnell abzugeben.

Am selben Abend war ich bei einer befreundeten indischen Familie, den Chote Lals, zum Essen eingeladen, und ich brachte ein wenig von dem »Kesar« mit, den ich von Adesh bekommen hatte. Ich plante, etwas davon auf den »Khir« – den zum Nachtisch gereichten Reispudding – zu streuen, damit wir uns an der Farbe und dem Aroma erfreuen konnten. Als ich das Päckchen aus der Tasche zog, war die Familie entsetzt. Dieser »Kesar« könne unmöglich echt sein, das sähe man ja mit bloßem Auge. Das sei nichts als gefärbtes, schnell lösliches Papier! Und sie meinten, dass die Händler mit den Priestern unter einer Decke steckten und man ihnen am allerwenigsten vertrauen könne.

Zerknirscht saß ich vor meinem »Khir«, als die Dame des Hauses mir lächelnd ein durchsichtiges Plastikdöschen in der Größe einer Geldmünze reichte. Der »Kesar« darin war ganz hell. Ihr Bruder, erklärte sie mir, leiste gerade seinen Militärdienst an der kaschmirischen Grenze ab und habe ihn ihr von dort mitgebracht. Er stamme direkt von einem der Bauern vor Ort. Welchen Beweis hätte es noch gebraucht? Dass hier war wirklich das Original!

Im Sommer desselben Jahres fuhr ich nach Ladakh und besuchte den auf 3500 Metern über dem Meeresspiegel gelegenen Tempel von Thiksey. Am Eingang kam ich zu einer kleinen Ayurveda-Apotheke, die verschiedene Heilkräuter anbietet. Überrascht sah ich auf einem Schreibtisch des Mönchs, der dort seinen Dienst versah, einen Stapel kleiner Plastikdosen mit »Kesar« stehen. Auf meine Frage, ob der echt sei, musterte mich der Mann über den Rand seiner Lesebrille und deutete in Richtung Tempel, als wollte er sagen, dass man an einem Ort, der dem Buddha geweiht sei, doch niemals eine Fälschung verkaufen würde.

Nachdem er mein Gesicht und mein langes Haar ausgiebig gemustert hatte, fing er an, mir die positiven Wirkungen des Gewürzes aufzuzählen. Es würde Depressionen heilen, das Wachstum bösartiger Zellen hemmen und dem Haarausfall entgegenwirken. Gegen Diabetes und im Rahmen von Diäten wirke er wahre Wunder. Dunkle Haut (er deutete mit dem Finger auf mein sonnengebräuntes Gesicht) werde heller, und es wirke sich positiv auf die Sehkraft (er zeigte auf meine Sonnenbrille) und die Gedächtnisleistung aus. Dennoch, fuhr er fort, enthalte es auch manche giftigen Substanzen, die bei übermäßigem Genuss Schwindelgefühl und Übelkeit auslösen könnten. Wer so viel über »Kesar« wusste, dem musste man einfach vertrauen.

Ich nahm alle vier Döschen, die er hatte, sorgfältig verpackt nach Korea mit. Als ich kurze Zeit später beim indischen Botschafter zum Abendessen eingeladen war, erzählte ich, was ich beim Kauf von »Kesar« bis dahin so alles erlebt hatte. Der Botschafter lachte hell auf und befand kopfschüttelnd: »Wir Inder sind wirklich unmöglich!« Und ohne weitere Erklärung holte er eine kleine Holzschatulle an den Tisch, auf deren Deckel ein Elefant prangte. Er öffnete das eiserne Vorhängeschloss, hob den Deckel, und darunter kam, höchst dekorativ präsentiert, qualitativ absolut hochwertiger »Kesar« zum Vorschein! Mir blieb der Mund offen stehen.

Der Botschafter war, bevor er nach Korea kam, in einem arabischen Land stationiert gewesen und hatte von einem Regierungsmitglied diesen echten »Kesar« als Abschiedsgeschenk bekommen. Er überreichte mir die Schatulle samt Inhalt und sagte in einem Ton, der keinen Widerspruch duldete, dass ich meine gesammelte Ware auf den Müll werfen solle, da es sich garantiert um Fälschungen handle. Auf der Schatulle prangte sogar ein Echtheitszertifikat.

Nach all diesen Irrungen und Wirrungen bin ich heute im Besitz von insgesamt fünf Sorten, die ich natürlich sehr wohl aufzuheben gedenke: die erste, die ich aus dem vertrauenswürdigsten aller Gewürzläden bekam, die zweite, die im Tempel zu rituellen Zwecken benutzt wird, die dritte, die direkt vor Ort von einem Bauern in Kaschmir stammt, die vierte, die ich von dem Mönch in der alten Klosterapotheke kaufte, und die fünfte, die von einem hochrangigen arabischen Beamten aus dem Ursprungsland des »Kesars« stammte.

Den Menschen, die mir als Geste der Freundschaft »echten Kesar« besorgten, bin ich außerordentlich dankbar. Doch schaue ich mir die Dosen an, in denen ich ihn aufbewahrt habe, scheint mir jede einzelne zuzurufen, dass nur sie das einzig Wahre enthalte, ein Phänomen, das mir nicht nur in diesem Zusammenhang begegnet, sondern überall auf der Welt. Wie oft behaupten wir im Leben, »unser Kesar« sei der einzig echte! Die Religion, an die wir glauben, die Erkenntnis, die wir hatten, die Werte, die wir vertreten, die Art von Meditation, die wir praktizieren – sind nur sie das wirklich Wahre und alles andere Fälschung oder Imitat?

Worum geht es, wenn ich auf die Echtheit des von mir angepriesenen Gutes poche? Geht es vielleicht gar nicht um den

»echten Kesar«, sondern darum, uns selbst auf ein Podest zu heben? Wollen wir unserem Ego mit der Behauptung schmeicheln: »Ich habe recht und du nicht«? Gut möglich, dass sich Fälschung und Original inzwischen nicht mehr im ursprünglichen Zustand befinden. Unser subjektives Urteil bildet nur unsere eigene, individuelle Perspektive ab, und doch stellen wir es beharrlich als das Maß aller Dinge hin.

Was wäre, wenn wir es loslassen würden? Wären wir dann vielleicht freier? Unabhängig vom Ausgang dieser Frage warte ich zurzeit auf das Eintreffen des »Kesars unter den Kesaren«, den mir der indische Botschafter versprochen hat.

KEIN STERN LEUCHTET, OHNE ZU VERGLÜHEN

Jeder Autor träumt vom idealen Arbeitszimmer. Ein Raum, der nur ihm gehört, mit genau dem richtigen Maß an Tageslicht, mit nichts ausgestattet als den Dingen, die man zum Schreiben braucht, vor Lärm geschützt und unbelastet von Sorgen um die Miete. Optimalerweise gäbe es darin eine kleine Sitzecke, in der man einen Gast auf ein Glas Tee empfangen könnte. Und das Paradies auf Erden wäre es, wenn vor der Tür ein kleiner Garten wäre und unweit davon gelegen außerdem ein Berg, zu dem man hinspazieren könnte.

Ich habe fünfundzwanzig Jahre von diesem Arbeitszimmer geträumt, ja sogar ein Bild davon gemalt und mir an die Wand gehängt. Und nach all der Zeit hat er sich endlich erfüllt. Ich wohnte zur Miete in einem achtzig Jahre alten Holzhaus, in dem ich mangels Heizmöglichkeit ständig fror. Darum beschloss ich irgendwann, es zu kaufen und zu renovieren. Das mag sich romantisch anhören. Half es mir aber, besser schreiben zu können? Ich will nicht um den heißen Brei herumreden: Nein. Von wegen romantisch! Was bin ich nur für ein Narr! Ich habe mein gesamtes Vermögen in ein Haus gesteckt, nur um zu erkennen, dass die Umgebung weder auf das Schreiben noch auf das Geschriebene Einfluss hat. Ob ich in einem Eck in einem lärmenden Café saß, im überfüllten Warteraum am Bahnhof, auf dem Balkon einer Herberge, wo ab und zu die Affen nach mir schauten – ich konnte besser schreiben als daheim in meinem Arbeitszimmer. Ganz gleich, wann und wo, man muss sich nur die Zeit und den Raum zum Schreiben nehmen und ihn zur heiligen, unantastbaren Zone erklären.

Nordindien war vom sechzehnten bis zum neunzehnten Jahrhundert ein islamisches Mogulreich, und einer der Mogule, Akbar, ging einmal auf die Jagd in den Wald. Als die Zeit für das Abendgebet kam, ließ er seinen Gebetsteppich auf dem Boden ausrollen, setzte sich darauf und fing zu beten an. Da eilte eine Frau vorbei, die, halb irr vor Angst, nach ihrem Mann suchte, der Feuerholz hatte holen wollen und bis zum Abend nicht nach Hause gekommen war. Und weil sie nichts anderes im Kopf hatte, trat sie versehentlich auf den Rand des hochherrschaftlichen, heiligen Teppichs. Dies erzürnte den Mogul derart, dass er befahl, die Frau auf der Stelle zu töten.

Von den Wachen vor dem Mogul auf die Knie gezwungen, erklärte die Frau: »Ich war in Gedanken so sehr bei meinem Mann, dass ich nicht merkte, wie ich auf Euren Teppich trat. Ihr aber wart während des Gebets nicht ganz bei Gott, sonst hättet Ihr nicht gemerkt, dass ich es tat.«

Der Mogul erkannte, dass die Frau recht hatte, und schickte seine Soldaten los, um ihren Mann zu suchen und vor den wilden Tieren zu retten, und sie fanden ihn auch.

Sind wir unzufrieden mit unserer Umgebung, ist es an der Zeit zu prüfen, wie es um die Leidenschaftlichkeit unseres Tuns bestellt ist. Sind wir mit Körper und Geist wirklich bei der Sache? Würden wir ein großartiges Werk verfassen, bloß weil wir mit dem zuverlässigsten aller Assistenten, der uns aller Alltagslast entledigt, auf eine einsame Insel im Südpazifik fliegen? Nein! Ich habe zwei Jahre auf der Insel Jeju gelebt und so gut wie keine Zeile zu Papier gebracht, und das war kein Zufall. Hundert Meter vor meiner Haustür war das Meer, auf der anderen Seite der Bucht erhob sich der verschneite Berg Halla, nachts kamen Rehe zu Besuch … Die Umgebung war einfach fantastisch. Doch wenn ich schrieb, setzte ich mich dazu unter meinen Schreibtisch. Warum? Nun, wir lebten in einer Kommune, und wenn jemand bei mir hereinschaute, sollte er denken, ich sei nicht da.

»Widme dich einer Sache, die dich ganz und gar gefangen nimmt«, rät ein anonymer Verfasser. Die amerikanische Schriftstellerin Gertrude Stein schrieb im Auto, Maya Angelou, Autorin von *Ich weiß, warum der gefangene Vogel singt,* mietete sich heimlich ein Hotelzimmer, nahm eine Bibel, ein Wörterbuch und einen Thesaurus mit und zog sich dorthin zum Schreiben zurück. Der großartige türkische Lyriker Nâzim Hikmet verfasste die meisten seiner Gedichte im Gefängnis.

Der irische Schriftsteller George Bernard Shaw ließ sich einen Raum wie einen Keller einrichten und nannte ihn »London«. Wenn ihn jemand anrief, sagte er, er sei gerade in London und könne sich daher nicht mit ihm treffen. Virginia Woolf und Hemingway schrieben im Stehen, um nicht träge zu werden, Victor Hugo, aus dessen Feder *Die Elenden* stammt, zog sich nackt aus und ließ von einem Diener alles aus dem Zimmer entfernen außer Feder und Papier, um sich mit nichts anderem beschäftigen zu können außer dem Schreiben. Womit bewiesen wäre, dass der Raum selbst beim Schreiben keine Rolle spielt. Es zählt nur, dass man etwas hat, über das es sich zu schreiben lohnt, und man sich auf das Schreiben konzentriert.

Ein junger Mönch eröffnete seinem Abt, dass er das Kloster verlassen wolle. Nach dem Grund für seine Entscheidung gefragt, erklärte er: »Die Brüder hier sind mir zu laut. Sie interessieren sich nicht für das Praktizieren des Glaubens; stattdessen kritisieren sie einander, führen politische Diskussionen und ereifern sich sogar darüber, dass man die falsche Frau zur Miss World gewählt habe. Manche sind auch furchtbar negativ. Ich halte es für reine Zeitverschwendung, hier noch weiter zu versuchen, meinen Glauben auszuüben.«

»Ich verstehe. Aber eine Bitte habe ich, bevor du uns verlässt«, antwortete der Abt.

»Ja, was immer Sie wollen.«

»Nimm ein Glas, fülle es bis zum Rand mit Wasser und laufe damit dreimal um das Kloster herum. Würdest du das für mich machen? Allerdings darfst du keinen einzigen Tropfen verschütten. Danach kannst du das Kloster verlassen.«

Der junge Mönch wunderte sich über diese sonderbare Bitte, aber sie war ja schnell erfüllt, und so nahm er ein Glas, füllte es bis zum Rand mit Wasser und ging vorsichtig, damit er ja keinen Tropfen Wasser verschüttete, dreimal um das Kloster herum.

Danach ging er wieder zum Abt. »Ich habe getan, worum Sie mich gebeten haben«, sagte er, verbeugte sich und wollte sich gerade zum Gehen wenden, als dieser fragte: »Während du mit dem Glas ums Kloster gegangen bist, hast du da vielleicht gehört, dass irgendeiner der Brüder einen anderen kritisierte? Haben sie geschwatzt oder diskutiert?«

Der junge Mönch verneinte.

Der Abt nickte zufrieden. »Verstehst du, warum? Weil du dich ganz auf das Glas konzentriert hast. Um kein Wasser zu verschütten, hast du alle Gedanken ausschließlich darauf gerichtet, und kein Geräusch drang an dich heran.« Und er fuhr fort: »In welches Kloster du auch gehen magst, du wirst überall von Geschwätz, Diskussionen und negativen Worten umgeben sein. Solange wir nicht im Himmel sind, ist niemand frei von dieser unserer lärmerfüllten, säkularen Welt. Wenn es dich stört, kannst du dich auf das Wasser im Glas konzentrieren, also auf das, was dir persönlich am Wertvollsten ist, auf das Praktizieren deines Glaubens und dein persönliches Wachstum. Dann kann dich nichts mehr stören.«

Ob Schriftsteller oder Mönch oder leidenschaftlicher Kämpfer für gleich welche Sache, unseren idealen Raum finden wir nicht in der Außenwelt, sondern in unserem Inneren. Jeder von uns schreibt seine eigene Geschichte, und fairerweise sitzen wir alle vor einem leeren Blatt. Es gibt keinen Raum, der es uns erleichtern oder angenehmer machen könnte, uns auf den Weg in unser Inneres zu begeben. Wir haben nichts weiter als uns selbst, unseren ehrlichen Willen und die höchste Konzentration auf uns selbst und das, was wir persönlich für das Wichtigste halten. Welche Worte schreibt das Leben, in welchen Farben malt es? Kein Stern leuchtet, ohne zu verglühen.

Charles Bukowski schrieb in einem Essay: »Wenn du kreativ sein willst, wirst du kreativ sein, egal ob du sechzehn Stunden am Tag in einer Kohlenmine arbeitest oder in einem kleinen Zimmer mit drei Kindern von der Sozialhilfe lebst. Wenn du kreativ sein willst, wirst du kreativ sein, egal ob eine Katze auf deinem Rücken herumkrabbelt oder die ganze Stadt in Erdbeben, Bombardierung, Überschwemmung und Feuer erzittert. Luft oder Licht und Zeit oder Raum haben nichts mit dem kreativen Schaffen zu tun. Also hör mit der Ausrede auf. Es sei denn, du hast ein besonders langes Leben, sodass du eine neue Ausrede finden kannst.«

Wer auf die ideale Umgebung wartet, wird niemals etwas erschaffen. Auch diese Zeilen schreibe ich im ersten Stock eines Cafés bei mir um die Ecke, während Dutzende von Gästen die Treppe hinauf und hinunter gehen. Ich bin also wieder in der Heimat zurück. Es sind schon zwei Leute zu mir an den Tisch gekommen, um mich zu begrüßen, aber ich tat so, als wäre ich nicht da. »Shiva Ryu?«, frage ich und schüttelte den Kopf. »Der ist gerade in Indien.«

DAS, WONACH DU SUCHST, SUCHT EIGENTLICH NACH DIR

Der Übersetzer, der meine Gedichte ins Englische und Polnische überträgt, beeendete einen seiner Briefe an mich mit einem Zweizeiler von Mirza Ghalib, einem Dichter des neunzehnten Jahrhunderts aus Delhi. Ich kannte ihn zwar, aber den Vers las ich zum ersten Mal.

Mein Gedicht ist weder Musik noch Musikinstrument
Mein Gedicht ist der Klang meines einstürzenden Ichs

Diese Zeilen berührten mich im Herzen. Ein Gedicht kann eine Ode an Hoffnung und Freude sein, aber es kann auch den Klang erfassen, der entsteht, wenn das Herz eines Menschen zerspringt oder er in den Grundfesten seines Wesens erschüttert wird. Je lauter er ist, desto stärker hallt er im Herzen des Lesers nach. Ghalib war der letzte Dichter des indischen Mogulreichs und gilt bis heute als prominentester Vertreter der in Urdu erschienenen Lyrik, der Sprache, in der er die meisten seiner Gedichte verfasste.

Ich hatte Mirza Ghalib und seinen Zweizeiler schon fast wieder vergessen, als mir beim Durchblättern der Postkarten, die ich aus

Indien mitgebracht hatte, eine in die Hand fiel, die mich wieder an ihn erinnerte. Sie zeigte ein mit arabesken Ornamenten verziertes Kuppeldach, über dem eine Handvoll Tauben kreisten. Darunter stand wieder ein Vers von Mirza Ghalib. Ich hatte sie gekauft, weil mich der Marmorbau mit seinen türkisen Wandverzierungen beeindruckt hatte, aber wann genau, wusste ich nicht mehr, und auch das Gedicht las ich zum ersten Mal:

In allem bist du
Nichts ist aber wie du

Sind wir verliebt, erinnern uns alle Dinge, Landschaften und was auch immer wir sehen an den geliebten Menschen. Wie sich die Äste eines Baumes im Wind wiegen, der Duft des Windes, selbst die Sterne, wie sie im frühen Morgengrauen verblassen und langsam verschwinden. Doch könnte irgendetwas von alledem die Leere in uns füllen, wenn der andere nicht da ist? Nichts und niemand kann die Abwesenheit des geliebten Menschen ausfüllen. Nein, nichts auf der Welt kann ihn uns ersetzen. Gleiches gilt für Gott.

Als ich einige Tage später die *Shambhala Sun* durchblätterte, stieß ich abermals auf ein Gedicht von Ghalib:

Lass Vögel in die Luft steigen
Dein Vogel wird zu dir zurückkehren

Warum wollen wir etwas aufhalten? Lassen wir gehen, was fortgehen will, und enden, was enden will. Was wirklich zu uns gehört, kehrt irgendwann zu uns zurück. Das Leid wird nicht von denen verursacht, die uns verlassen, sondern entsteht in unserem Kopf, der festhält, was er loslassen sollte.

Der Tradition der oberen Kaste entsprechend heiratete Mirza Ghalib im Alter von dreizehn Jahren und war mit dreißig Vater von sieben Kindern, doch keins der sieben lebte mehr als ein paar Jahre. Mehrere seiner Gedichte enthalten Anspielungen auf dieses Leid. In einem seiner vielen Briefe gestand er, sein erstes Gefängnis sei das Leben und sein zweites die Ehe.

Es war, als würde mir jemand mit Absicht Zeichen in den Weg streuen, um mich an Ghalib zu erinnern. An einem sehr heißen Sommertag lief ich durch die labyrinthartigen Gassen von Old Delhi, als mich ein Mann mittleren Alters anhielt. »Ghalib Habelli?«, fragte er und deutete zu einer schmalen Gasse. Er schien zu denken, ich sei Ausländer und suche nach dieser Adresse, obwohl ich mich mit keinem Wort danach erkundigt hatte.

Ich ging in die Gasse und sah einen alten Mann – dem Aussehen nach Bettler – vor einem ebenso betagten Gebäude stehen. »Ghalib Habelli« stand an der Hauswand. Der Greis kam mir mit ausgestreckten Armen entgegen, um mich willkommen zu heißen, und fing an, für ein Almosen zu singen. Ich lauschte seinem Lied aufmerksam und ließ mir von einem Passanten den Text erklären:

Versuche nicht, aus der Hand zu lesen
Auch einem Mann ohne Hand wird sein Schicksal zuteil

Es stellte sich heraus, dass dies das Wohnhaus von Ghalib war, in dem er lebte, seine Gedichte schrieb und am Ende in einer Stube mit winzigem Fenster aus dem Leben schied. An den Wänden hingen Gedichte, und in den Räumen waren sein Nachlass und ein dicker, handgeschriebener Gedichtband ausgestellt. Ghalib hatte als Hofdichter im Dienst des Moguls gestanden, war aber wegen Majestätsbeleidigung im Kerker gelandet.

Die Freude des Wassertropfens verliert sich im Meer
Zum Heilmittel wird ein Leid, kaum dass es sich selbst transzendiert

Dies war das erste Mal, dass ich »Ghalib Hebelli« – das Haus des Ghalib – besuchte, obwohl ich bereits mehrmals in Old Delhi gewesen war. Ich wunderte mich, dass ich vorher nicht um dessen Existenz gewusst hatte. Es gibt Wegweiser, die sind schon immer da, doch wir erkennen wir sie nicht und gehen einfach an ihnen vorbei. Irgendwann aber entdecken wir sie und nehmen sie überrascht zur Kenntnis.

Wiederholen sich Zufälle, werden sie zum Schicksal. Der indische Sitarspieler und Sufisänger Shujaat Khan drückte mir eine CD mit einem seiner Lieder in die Hand und bat mich, es mir anzuhören. Es handelte sich um die Vertonung eines Gedichts von Ghalib:

Tausend Verlangen sind es allesamt wert, für sie zu sterben
Ich habe viele gestillt, aber es bleiben noch viele mehr

Heute streiten sich weltweit die Gelehrten über die Auslegung der Gedichte von Ghalib, und viele von ihnen wurden vertont. Zu seinen Lebzeiten aber interessierten sich nur wenige für ihn und begriffen, worum es ihm ging. Er wurde oft kritisiert und missverstanden, und in seinen Gedichten bringt er seine Frustration darüber zum Ausdruck:

> Gott, die Leute verstehen meine Worte nicht und
> werden sie nie verstehen
> Gib ihnen ein anderes Herz, oder lass mich anders sprechen

Wohin ich auch ging, was ich auch tat, die Gedichte von Mirza Ghalib begegneten mir in Büchern, bei Gesprächen, an der Wand eines Wirtshauses und in den Liedern von Sängern wie Nusrat Fateh Ali Khan und Jagjit Singh. Das Hotel, in dem ich mich in Kalkutta einquartierte, befand sich zufällig in der Mirza Ghalib Road, so genannt zu Ehren des Dichters, nachdem er mit dreißig in die Stadt gereist und sie als »einen Ort wie der Himmel« gepriesen hatte.

Auf meinem Erkundungszug in die umliegende Gegend entdeckte ich eine Buchhandlung mit dem Namen »Oxford«, die eine Auswahl an Gedichtbänden von Ghalib im Regal stehen hatte. Ohne bewusst danach zu suchen – ich mochte mich wenden, wohin ich wollte –, überall stieß ich auf Mirza Ghalib. Als ich das erste Mal auf ihn aufmerksam wurde, entstand eine Schwingung, die weitere Schwingungen nach sich zog, und laufend tauchten weitere Zeichen oder Wegweiser auf, bis die Botschaft so klar war, dass ich sie nicht ignorieren konnte. Ich entschloss mich, die Gedichte von Mirza Ghalib zu sammeln, sie ins Koreanische zu übersetzen und in einem Band zu veröffentlichen.

In Paulo Coelhos Roman *Der Alchimist* begibt sich der Schafshirte Santiago auf die Suche nach einem Schatz, von dem er immer wieder träumt. Auch ihm begegnet laufend das Wort »Zeichen«.

Der alte König rät ihm: »Achte stets auf die Zeichen.« Sie seien überall und würden ihm den Weg weisen. »Um dorthin zu gelangen, musst du den Zeichen folgen. Gott zeichnet den Weg vor, den jeder Mensch gehen soll. Du musst also nur erkennen, was er für dich aufgezeichnet hat.«

Eine meiner Bekannten hörte ebenfalls auf die Zeichen, die ihr laufend in den Weg gelegt wurden – eine Strickmütze aus Alpaka, eine Gruppe Indios, die auf einem Straßenfest tanzten, ein Dokumentarfilm im Fernsehen, eine Reisebeschreibung und viele weitere Dinge und Erlebnisse, die alle in dieselbe Richtung zu weisen schienen. Schließlich kündigte sie ihren Job, flog nach Peru und blieb vier Jahre dort. Als ich sie nach ihrer Rückkehr nach Korea traf, war sie zur Peruanerin geworden. Sie strahlte etwas erfrischend Ungezähmtes aus, als hätte sie das Leben entdeckt, das sie sich immer gewünscht hatte. Bis heute lässt sie sich auf ihrem Lebensweg von den Zeichen leiten, die Gott ihr in den Weg legt.

Für mich sind diese Zeichen oder Wegweiser ein »offenes Geheimnis«, denn sie sind zwar offensichtlich, aber nur für die, die auch bereit sind, sie zu sehen. Allen anderen bleiben sie verborgen. Das ist Gottes Art, uns Botschaften zu senden. Er versteckt sie nicht. Wir bemerken sie nur nicht, weil wir uns von tausenderlei unwichtigen Dingen ablenken lassen.

Wir sehen uns am letzten aller Tage wieder,
sagtest du, als du von mir gingst
Als wäre der letzte aller Tage ein anderer Tag,
was für ein grausamer Scherz

Ist nicht der Tag, an dem mich der geliebte Mensch verlässt, der letzte aller Tage?

Nicht nur bei der Übersetzung der Gedichte von Mirza Ghalib habe ich mich von Zeichen leiten lassen. Ihnen verdanke ich die wichtigsten Errungenschaften in meinem Leben. Wann immer ich auf sie achtete, ihnen vertraute und folgte, kam etwas Gutes heraus, wenn auch nicht unbedingt im konkret irdischen Sinne: Die Vorhaben, die in meinem Kopf entstanden, erwiesen sich meist als schwierig. Die wirklich großartigen haben alle ohne Zutun meines Willens oder eines bewussten Plans ihren Anfang genommen.

Rumi schrieb: »Lass dich schweigend anziehen von dem stärkeren Sog dessen, was du wirklich liebst. Du wirst dich nicht verlaufen.«

Achte auf die Wegweiser, die Gott für dich aufstellt, um an dein Ziel zu finden, und sei der Weg auch noch so gewunden. Auch wenn es manchmal so aussehen mag, als sei sein Verlauf einzig von den Bäumen bestimmt, auf denen die Zeichen stehen – du wirst dich nicht verlaufen. In den alltäglichen Dingen, in unseren

Gesprächen mit anderen und auch nachts im Traum – Wegweiser und Zeichen sind überall zu finden, auch wenn wir sie nicht immer sehen.

Gibt es Weggabelungen, an denen du vorbeigegangen bist? Dann setz dich unter einen Baum an einer ruhigen Stelle im Wald, schließe die Augen und schaue kurz zurück. War da ein Zeichen, das deinen Blick anzog, in irgendeiner Gasse in irgendeinem Ort, durch den du gekommen bist? Oder fällt dir ein Satz in einem Buch ein, in dem du zufällig geblättert hast, ein Satz, der womöglich dein Leben verändert hätte? Erinnerst du dich an den Moment, als dieser Satz dich ansprach?

> Blumen lehren mich, das Sehenswerte
> in der Welt zu genießen
> Nur mit offenen Augen kann ich alle Farben sehen

Die Zeichen im Alltäglichen sehen, das ist Spiritualität. Sie treffen uns wie ein Blitzschlag. Sind wir offen für sie, eröffnet sich uns ein neues Schicksal. Mirza Ghalib schrieb: »Möge ich von diesem Blitz getroffen werden.«

EPILOG: GESCHENK DES HIMMELS

Ein iranischer Händler plante eine längere Geschäftsreise nach Indien, und weil er ein großzügiger Mensch war, versprach er seiner Familie und allen Mitarbeitern jede Menge Geschenke. Sie brauchten ihre Wünsche nur zu äußern. Die Liste wurde lang und länger – Kleidung, Gewürze, Schmuck … In seinem Geschäft hielt der Mann ein Prachtexemplar von einem Papageien, der fließend sprechen konnte. Und weil er so schön sang und so klug war und sich mit den Kunden unterhielt, kurbelte er den Umsatz kräftig an. Es versteht sich, dass der Händler den Vogel sehr ins Herz geschlossen hatte. Er hatte ihm einen besonders schönen Käfig besorgt und diesen so aufgehängt, dass er einen Blick in den Garten hatte, und Futter gab es für ihn nur vom Feinsten. Auch ihn fragte der Händler nun, was er sich aus Indien wünsche.

Der Vogel wollte kein Geschenk, aber eine Bitte hatte er doch: »Wenn du in Indien bist, geh in diesen einen ganz bestimmten Rosenwald. Ich habe früher dort gelebt, bevor ich einem Vogelhändler ins Netz ging und hierhergebracht wurde. Sage meinen Freunden, die du dort antreffen wirst, dass ich jetzt in einer großen Stadt in einem herrlichen Vogelkäfig wohne und mein Besitzer mich über alles liebt. Erzähle ihnen, dass ich die Leute mit meinem Gesang unterhalte und köstliches Futter genieße; bloß hinfliegen, wo ich will, kann ich nicht. Wie gern wäre ich in Freiheit im Rosenwald! Aber das geht nicht, weil ich hier im Käfig sitze. Darum sage ihnen, sie mögen an mich denken, wenn sie durch die üppig grünen Baumwipfel gleiten und den herrlichen Blütenduft atmen.«

Der Händler hörte dem Vogel aufmerksam zu und versprach ihm, seine Botschaft zu überbringen.

Einen Monat später, nachdem er seine Geschäfte erledigt und alle Geschenke für seine Familie und Mitarbeiter besorgt hatte, ging der Händler in den Rosenwald, von dem sein Papagei gesprochen hatte. Tatsächlich lebte dort ein Schwarm Papageien, die exakt so aussahen wie der, den er zu Hause hatte. Als er ihnen dessen Botschaft überbrachte, schrie einer der Vögel am ganzen Leib zitternd auf, stürzte zu Boden und starb.

Der Händler vermutete natürlich, er habe den Schock über die traurige Nachricht seines Freundes nicht verkraftet. Nach Hause zurückgekehrt, berichtete er seinem Papageien, was im Rosenwald geschehen war. Daraufhin schrie dieser am ganzen Leib zitternd auf, ließ den Kopf sinken und starb.

Der Tod seines geliebten Papageien setzte dem Händler ungemein zu. Er sei allein daran schuld, dachte er. Schließlich war er es, der die Unglücksbotschaft überbracht hatte. Schweren Herzens trug er den Käfig in den Garten hinterm Haus, hob ein Loch aus und legte den reglosen Vogel hinein. Doch im selben Augenblick erhob sich dieser in die Luft und setzte sich auf den höchsten Ast eines Baums.

Erschrocken rief der Händler: »Wie ist das möglich? Du warst doch tot!?«

Da antwortete der Papagei: »Mein Freund in Indien hat mir den Weg in die Freiheit gewiesen. ›Du magst noch so großartig singen und sprechen und damit die Menschen erfreuen‹, sagte er. ›Aber sie sperren dich in einen Käfig! Die Koseworte deines Besitzers und das köstliche Futter sind in Wahrheit Gitterstäbe. Gib es auf und du bist frei.‹

Der Händler nickte. »Gott beschütze dich. Flieg in Frieden, wohin du willst. Du hast mir auch gezeigt, wohin ich aufbrechen sollte, und auf diese herrliche Reise werde ich mich jetzt vorbereiten.«

Sitzen auch wir träge und bequem im Vogelkäfig, sodass wir den blauen Himmel vergessen haben? Sind wir überhaupt jemals frei durch die Lüfte geflogen?

Wann immer eines meiner Werke fertig ist, begebe ich mich, genau wie der Händler, auf eine Reise, um mich auf das nächste Buch vorzubereiten. Auch diesmal geht es wieder nach Indien. Sagen Sie mir, was Sie sich von dort wünschen, und ich bringe es Ihnen mit.